A. FERRET 1978

AF298807

A. FERRET 1978

DÉPÔT LÉGAL
Seine
N. 727

THÈSE

POUR

LE DOCTORAT

SOUTENUE

par

Victor QUATRE-SOLZ DE MAROLLES,

AVOCAT.

PARIS,

CHARLES DE MOURGUES FRÈRES, SUCCESSEURS DE VINCHON,

Imprimeurs-Éditeurs de la Faculté de Droit de Paris,

RUE JEAN-JACQUES-ROUSSEAU, 8.

1862.

FACULTÉ DE DROIT DE PARIS.

THÈSE

POUR LE DOCTORAT.

DROIT ROMAIN :

DU CONTRAT DE SOCIÉTÉ.

DROIT FRANÇAIS :

DE LA SOCIÉTÉ EN COMMANDITE.

L'acte public sera soutenu le mercredi 5 février 1862,
à deux heures,

Par Victor QUATRE-SOLZ DE MAROLLES,

AVOCAT.

Président : M. **VALETTE**, Professeur.

Suffragants :
- MM. **ROYER-COLLARD**,
- **PELLAT**,
- **DURANTON**, } Professeurs.
- **BATBIE**, Suppléant.

Le Candidat répondra aux questions qui lui seront faites sur les autres matières de l'enseignement.

PARIS,

CHARLES DE MOURGUES FRÈRES, SUCCESSEURS DE VINCHON,
IMPRIMEURS-ÉDITEURS DE LA FACULTÉ DE DROIT DE PARIS,
Rue J.-J. Rousseau, 8.

1862.

127

A MON PÈRE.

A LA MEMOIRE DE MA MERE.

DROIT ROMAIN.

DU CONTRAT DE SOCIÉTÉ.

Au Dig., tit. *Pro socio*, XVII, 2.

L'homme puise dans sa nature même le sentiment de
la puissance qu'il peut acquérir en se réunissant à ses
semblables. Enfant, il emprunte à la famille le germe de
sa vie entière ; homme fait, il joint ses forces aux forces
des autres hommes ; vieillard, il communique à la géné-
ration qu'il a précédée l'appui de ses lumières et les
conseils de son expérience ; en un mot, la société est le
véritable levier de la civilisation.

C'est surtout au développement de sa fortuné que
l'homme applique ce puissant moyen de production. La
société n'a donc pas de définition particulière à telle
ou telle législation ; partout on la retrouve avec
le même caractère, les mêmes conditions essen-

tielles ; ce n'est que dans les détails de la mise en pratique qu'elle peut varier suivant les peuples et les temps.

Apporter chacun son contingent de capitaux, d'intelligence ou de travail, en former une masse imposante, multiplier des forces qui, prises isolément, n'offriraient pas assez de consistance, et, de la sorte, obtenir des bénéfices considérables, telle est la fin qu'on se propose en s'associant. L'argent, comme toute marchandise, subit des variations de valeur ; tout capital, d'ailleurs, laissé inactif diminue chaque jour et finit par s'épuiser ; il faut le faire valoir. Entre les mains de l'homme intelligent, il devient fécond ; il produit des fruits ou intérêts, qui sont plus ou moins considérables, suivant que les opérations sont plus ou moins heureuses. Dans les conditions ordinaires, les capitaux donnent des revenus dont le taux est connu en moyenne, et constitue l'intérêt commun de l'argent. Mais une plus grande réunion de fonds doit produire de plus grands résultats ; plus la somme est forte, plus les entreprises peuvent être importantes, et plus on peut faire face aux éventualités de la fortune. Aussi le but de la société est-il, au moyen de l'union des capitaux et des intelligences, d'obtenir un ensemble de bénéfices qui, partagé entre tous, donne à chacun un intérêt supérieur à l'intérêt commun que lui eussent procuré son capital et son travail séparés.

Dans cette étude sur le contrat de société, nous suivrons l'ordre le plus naturel, celui des faits. Une première partie sera consacrée à l'organisation de la société, aux conditions essentielles de son existence, et aux différentes formes que peut affecter cette convention. Dans la seconde partie, on verra les diverses opérations auxquelles les associés peuvent se livrer et les effets de ces opérations, entre eux et à l'égard des tiers ; une troisième partie intitulée *liquidation*, traitera de la dissolution de la société et du règlement qu'elle entraîne entre associés. Enfin, la quatrième partie sera relative aux actions qu'on peut considérer comme la sanction des droits et obligations entre les divers sujets du droit : ce sera comme la procédure de la matière.

———

PREMIÈRE PARTIE.

Organisation.

CHAPITRE PREMIER.

DÉFINITION. — CARACTÈRES DISTINCTIFS. — FORMATION.

I. On peut définir la société : « Un contrat de bonne foi par lequel deux ou plusieurs personnes mettent en commun des valeurs, pour leur faire rapporter un bénéfice licite et supérieur au produit ordinaire de l'argent, qui doit être partagé à la dissolution de l'association. »

II. Plusieurs points caractéristiques distinguent la société des autres contrats. C'est, d'abord, l'espèce de fraternité (L. 63. *Pro soc.*) qui doit régner entre les associés. Il est juste que des hommes qui forment volontairement une communauté d'intérêts, apportent dans leurs relations cet esprit conciliant et de bon accord qui rappelle la famille. De là découlent de nombreuses conséquences que nous retrouverons : ainsi la clause de bonne foi ; ainsi l'infamie qu'entraîne une condamnation résultant de l'action de la société, et surtout le bénéfice de compétence.

III. Une autre particularité de la société, c'est que les parties contractantes sont toutes entre elles *in pari causa*. Dans les autres contrats nommés, on trouve d'une part, soit un vendeur, soit un mandant, soit un commodant en rapport avec un acheteur, un mandataire, un commodataire. Les droits et les obligations de l'un et de l'autre sont en raison inverse, et le point de vue n'est pas le même, si on en envisage le contrat d'un côté ou de l'autre des contractants. Ici, il en est autrement ; le contrat se présente de la même manière à l'égard de chacun des associés ; tous n'ont qu'un même nom, *socii ;* ils sont entre eux dans les mêmes rapports, qu'on peut dire actifs et passifs des deux parts ; aussi l'action de ce contrat est-elle unique : c'est toujours l'*actio pro socio*, tandis que les actions des autres contrats sont à double face : comme l'*actio empti* opposée à l'*actio venditi*, l'*actio mandati contraria* opposée à l'*actio mandati directa*.

IV. Il importe de distinguer la société d'un autre effet juridique qui offre avec elle plus d'un point de contact : c'est l'indivision ou copropriété. La société la produit ordinairement, et souvent elle est mêlée aux questions que fait naître notre contrat ; mais la nature et le but en diffèrent essentiellement. La société ne peut exister sans qu'il y ait convention ; l'indivision peut résulter de toute autre cause juridique que la volonté des parties : ainsi le legs d'une même chose à plusieurs (L. 31, *hoc tit.*). Les associés en se réunissant ont un but commun, qui est de faire valoir leur fonds, et d'en retirer tous les bénéfices possibles. Les copropriétaires n'ont aucun bénéfice à espérer de leur état d'indivision ; au contraire, il leur est désaantageux ; aussi, loin de de tendre à continuer leurs rapports, ont-ils principalement en vue le partage (L. 32, *h. t.*) ; puis, l'indivision résultant d'un autre fait juridique que la société exclut ces rapports amicaux et de fraternité dont nous avons entrevu déjà les conséquences légales. Du reste, nous ferons mieux saisir les différences entre l'indivision et la société, en comparant les deux actions qui leur correspondent, les actions *pro socio* et *communi dividundo*.

CHAPITRE II.

CONDITIONS ESSENTIELLES. — MODALITÉS.

I. La première condition pour qu'une société puisse se fonder, c'est le consentement des parties : sans consentement, pas de société ; mais aussi l'accord des volontés suffit, nulle autre forme n'est exigée pour le contrat. On doit appliquer ici les règles générales relatives à la validité du consentement.

II. En second lieu, il faut un apport réciproque ; sinon le contrat serait à titre gratuit, ce qui est opposé à la nature de la société. Peu importe, du reste, la nature de l'apport. Ainsi, l'un peut fournir de l'argent, l'autre des corps certains, l'autre son industrie ; le principal, c'est que cet apport forme une valeur appréciable (L. 5, § 1), et surtout que les parties le fournissent comme apport d'associés. La loi 44 de notre titre nous offre une espèce sur laquelle quelques doutes pouvaient s'élever : j'ai une perle fine que je vous charge de vendre, et nous convenons que si vous la vendez au delà d'une certaine somme, vous garderez pour vous l'excédant du prix. Est-ce là une société ? Ulpien résout la question en fait. Il y a société, suivant lui, si telle a été l'intention des parties ; mais il semble lui-même se contredire dans la loi 13, au titre *Prœscriptis verbis*. Dans une espèce analogue, il décide qu'il n'y a ni mandat, car le mandat est gratuit, ni société, car le propriétaire de la chose ne prend aucune part dans le bénéfice de la vente, mais se réserve un prix certain. Il faut appliquer la solution que donne Ulpien d'abord, et dire qu'il s'agit ici d'apprécier quelle a été en fait l'intention des contractants. Dans la loi 44, le propriétaire de la perle s'est adressé à un joaillier qui a mis dans la société son industrie, et c'est grâce à lui que la perle a pu être vendue un bon prix ; dans l'autre hypothèse, il y a simple commission donnée pour vendre, sans intention de former société. Dans beaucoup d'autres espèces, on peut trouver les éléments de la société, sans que ce contrat soit formé ; mais quand les parties ont entendu s'associer, si rien n'est contradictoire, et que tous les éléments se rencontrent, pourquoi ne pas admettre qu'il y ait société (Loi 52, pr.) ?

A défaut d'apport de l'une des parties, il n'y a donc pas de société. Y aurait-il donation ? Non, avant Justinien. En effet la donation était un pacte nu qui n'était revêtu d'aucune action. Il fallait qu'il y eût *doni datio*, translation de propriété de la chose donnée, ou au moins, un mode civil, comme la stipulation, pour obliger le donateur à exécuter ; mais Justinien confirme la validité du simple pacte en le sanctionnant par une action (L. 35, § 5, au Code, *De donat.*), et dès lors on peut dire que la donation déguisée sous la forme d'un contrat de société est valable.

III. La troisième condition essentielle, c'est qu'il y ait vocation pour tous au partage des bénéfices. Comment, en effet concevoir une société où l'une des parties ferait un apport sans avoir le droit de prendre sa part aux bénéfices ? De son côté, le contrat serait à titre gratuit, puisqu'elle n'aurait droit à aucun équivalent de ce qu'elle fournit. Il y aurait pour elle appauvrissement sans espoir de s'enrichir ; aussi une pareille convention était-elle prohibée sous le nom de société léonine (L. 29, § 2). Nous venons de voir quelle serait la valeur de ce pacte, comme contrat à titre gratuit.

IV. Enfin le but que les associés se proposent doit réunir deux conditions : il doit être licite et commun. La première est de tous les contrats : *rerum inhonestarum nulla est societas* (L. 57, *h. t.*). La seconde suppose en même temps des opérations communes : ainsi, deux personnes conviennent que chacune d'elles se servira tour à tour de leurs bœufs réunis, pour labourer leur champ : il n'y a pas de société, car le bénéfice n'est pas plus commun que ne le sont les travaux.

V. Le contrat de société peut être affecté des mêmes modalités que les autres contrats.

Pourtant, la loi 6 au Code, *Pro socio*, fait supposer qu'il y eut autrefois controverse sur la question de savoir

si le contrat de société pouvait être soumis à une condition. Mais, chose singulière, ce texte est le seul qui parle
de cette ancienne prohibition. La loi 1 de notre titre au
Digeste admet toutes les modalités sans faire la moindre
observation. Est-ce donc une invention de Tribonien,
ou bien Paul n'admettait-il pas même que cette controverse fût possible, quoique ayant réellement existé?
C'est ce qu'il serait assez difficile de résoudre. Mais on
se demande quel motif on pouvait avoir eu de douter.

La raison donnée par Cujas ne paraît pas parfaitement
admissible. Il dit qu'autrefois il fallait, pour former une
société, transférer la propriété des *res mancipi* consti-
tuant l'apport, au moyen de la mancipation; or, comme
la *mancipatio* est un *actus legitimus*, et que ces sortes
d'actes n'admettent pas de conditions, il n'était pas non
plus possible d'en faire entrer dans le contrat de société.
On peut objecter à ce raisonnement que les *actus legitimi* n'admettaient pas plus de terme que de condition.
Or, la loi 6 ne dit pas que le terme fût impossible dans
le contrat de société; de plus, les *actus legitimi* sont
susceptibles de conditions tacites. Ainsi, je vous vends
un cheval sous la condition que tel navire reviendra
d'Asie; puis, en exécution de l'obligation contractée dans
la vente, je vous mancipe mon cheval avant l'arrivée de
la condition : la mancipation est valable, quoiqu'elle
soit affectée d'une condition tacite, et, le navire arrivant
d'Asie, la propriété du cheval est dûment transférée à
l'acheteur, en vertu de cet *actus legitimus*.

Le motif de la controverse se trouve plutôt dans l'esprit subtil des anciens jurisconsultes qui admettaient
difficilement la position d'un individu ne sachant pas

s'il était ou non associé, et faisant des actes qui, suivant l'événement d'une chose, peuvent changer de caractère et d'effets. Du reste, Justinien tranche la question et ne laisse plus subsister le moindre doute.

—Avant d'en finir avec ces principes généraux, nous croyons devoir examiner ici une question relative à la nature même de la société en droit romain. On se demande si le contrat de société a pour effet de créer un être juridique (1) ayant un patrimoine, des créanciers, des débiteurs propres et distincts de ceux des associés, ou si les biens sociaux appartiennent pour une part indivise à chacun, et si les créanciers et débiteurs sociaux ne sont autre chose que créanciers et débiteurs personnels de chacun. Cette importante question, qui s'élève aussi pour les sociétés civiles en droit français, a divisé les interprètes du droit romain.

Il faut tout d'abord repousser le système qui admet la personnalité de toute société. Il s'appuie en premier lieu sur la loi 22, Dig., *De fidejussor.* (2). Dans cette loi, Florentinus assimile l'hérédité à laquelle on n'a pas fait adition à une personne : *Hereditas personæ vice fungitur;* puis il ajoute : *sicuti municipium, et decuria, et societas.* De là on conclut la personnalité. Cette assimilation prétendue de la société à des êtres à qui on ne peut refuser la qualité de personnes morales se retrouverait encore dans la loi 3, § 4, Dig., *De bonor. poss.* et dans la loi 31, § 1, Dig., *De furtis.* — Voici ce qu'on peut répondre : ces textes prouvent simplement que

---

(1) M. de Savigny, *Traité de dr. rom.*, p. 238.
(2) M. Troplong, *Contrat de société*, p. 77 et suiv.

certaines sociétés étaient sans doute considérées comme personnes morales; nous verrons qu'il en existait, et c'est de celles-là qu'il s'agit, mais non de toute société possible.

Un autre argument est tiré de la loi 65, § 14, de notre titre, où Paul décide que l'associé créancier de la société doit agir contre celui qui détient les fonds sociaux. La société, dit-on, est comme personnifiée dans ce dépositaire, cette sorte d'agent qui semble la représenter; c'est contre lui qu'est dirigée l'action; si la société n'était pas un être juridique, c'était à chacun des associés pour sa part qu'il fallait s'adresser. Cela ne prouve rien; le caissier a été constitué mandataire de tous, à l'effet de détenir le capital commun et de payer ce qui était dû. Ce mandat même a pu être tacite; et rien de plus naturel que de voir des créanciers s'adresser au mandataire de leur débiteur pour se faire rembourser.

Enfin, on s'appuie sur ce que l'action *pro socio* est personnelle, ce qui ne pourrait pas être si chaque associé eût été considéré comme personnellement propriétaire des choses de la société, car alors l'action *pro socio* tendant au partage eût dû être réelle; mais on ne remarque pas que l'action *pro socio* n'a pour objet que des prestations personnelles de chacun des associés (L. 52, § 12, *hoc tit.*), et que pour le partage des biens on a l'action *communi dividundo* (L. 38, § 1; 43, *hoc tit.*).

A quel système devrons-nous donc nous arrêter? Notre réponse nous paraît devoir être tirée de la loi 1 au Digeste, *Quod cujuscumque universit. « Neque societas, neque collegium, neque hujusmodi corpus passim omnibus haberi conceditur... Paucis admodum in causis concessa sunt hujusmodi corpora.* » D'après cela, nous admettrons deux classes de sociétés : celles qui sont autorisées à former une personne juridique, et celles qui, formées par de simples particuliers, ne sont pas munies de cette autorisation.

La première classe de sociétés se rattache aux *universitates*, qui avaient un rôle important à Rome. Nous nous bornerons à les énumérer rapidement, d'après l'étude approfondie qu'en a faite M. de Savigny, dans son *Traité de droit romain* (1).

Il distingue deux sortes de personnes juridiques : celles qui ont une existence naturelle, et celles qui ont une existence artificielle ou résultant de la volonté des contractants et qui sont autorisées. Au nombre des premières il cite la *civitas* ou *respublica*, les *municipes* et les diverses parties de la ville, *curiæ, decuriones, vici, forum*, etc. Dans la seconde espèce sont les associations ayant un mobile religieux, telles que les *colléges des temples*, les *vestales*, puis les corporations de fonctionnaires ou d'artisans, boulangers, bateliers, forgerons ; enfin les grandes sociétés autorisées dont nous parle la loi 1, § 1, au Dig., *Quod cujuscumque : « Ut ecce vectigalium publicorum sociis permissum est corpus habere : vel aurifodinarum, vel argentifodinarum et salinarum. »*

Tel est le système qui nous paraît préférable, et cette distinction de sociétés privilégiées formant une personne morale, et de sociétés communes n'offrant pas ce caractère, est pleinement justifiée dans une foule d'applica-

---

(1) T. II.

tions juridiques qu'il suffira de passer rapidement en revue.

Ainsi, au point de vue de la propriété, les sociétés formant une personne morale ont leur patrimoine distinct de celui des associés : ce sont de véritables propriétaires (L. 1, § 1, *Quod cujuscumque;* — L. 6, § 1, *De div. rer.* (1).) Au contraire, dans les sociétés ordinaires, chacun des associés est copropriétaire de la chose commune (L6 8, *h. tit.*). De là plusieurs conséquences : dans les premières, chaque membre ne peut rien aliéner du fonds social, elles sont représentées par un agent ou syndic (L. 6, § 1, *quod. cuj.*); de plus, les questions sur la disposition des biens sont décidées à la majorité (**L. 160**, § 1, *De div. reg. jur.;*—2, 3, *De decretis ab ord. fac.;*—19, *Ad municip. et de incol.*). Ainsi, pour affranchir l'esclave de la personne morale, il suffit du consentement de la majorité (L. 1, *De manumiss. quæ serv.*), et les droits de patronat appartiennent non pas à chaque individu, mais à la société (L. 6, § 1, *De div. rer. in fine.* — 10, § 10, *In jus vocando.*—2, *De mamumiss. quæ serv.*). Dans tous ces cas, il faut donner des solutions différentes quand il s'agit de sociétés ordinaires. Chacun peut aliéner sa part de propriété (L. 14 au Code, *De contrah. empt.*). Toute décision n'a d'effet que vis-à-vis ceux qui l'ont prise; pour avoir un effet absolu, il faut l'unanimité (L. 28, *Commun. divid.*). Quant aux affranchissements, il faut suivre les règles qui concernent l'esclave de plu-

---

(1) Cette loi contient un effet très-remarquable du principe : L'esclave commun peut être mis à la torture pour ou contre l'un des membres, ce qui ne pourrait avoir lieu s'ils étaient copropriétaires.

sieurs maîtres. Dans l'ancien droit, il fallait, pour qu'il fût valable, que l'affranchissement émanât de tous les maîtres; s'il n'émanait que d'un seul, il fallait encore distinguer. Avait-on employé un des modes faisant de l'esclave un citoyen romain, c'était un acte nul vis-à-vis de l'esclave; le maître perdait ses droits sur lui, et il y avait accroissement au profit de l'autre maître (Paul, *Sent. IV*, 12, § 1); si le mode ne rendait pas citoyen romain, il y avait controverse; mais Ulpien décidait comme dans le cas précédent (*Reg. I*, § 18). Sous Justinien, l'affranchissement, quel qu'il fût, dès qu'il était donné par un des associés, libérait l'esclave, sauf indemnité à payer à l'autre maître (*Instit. De donat.*, § 4).

Pour la possession, il paraît qu'on se demandait dans l'ancien droit si une personne morale était capable de posséder; on estimait, en effet, que quand même tous les membres de cette société exprimeraient une volonté unanime, on ne pourrait avoir pour cela le consentement de la corporation considérée comme unité idéale, et qu'il manquerait toujours l'essentiel, *l'animus possidendi*. Mais c'était là une subtilité, et on admit plus tard que l'universalité pouvait être représentée par ses administrateurs; de telle sorte qu'elle finit par posséder non-seulement par ses esclaves, mais même *per extraneam personam* (L. 1, § 22, *De acquir. vel amitt. poss.* — L. 2, *ib.*). Dans les sociétés ordinaires, il va de soi que chacun possède *servili* et même *alieno corpore;* mais ceux qui n'ont pas *l'animus possidendi* ne possèdent pas (L. 1, § 7, *De acquir. vel amitt. poss.*).

Toujours par suite des mêmes principes, les personnes morales peuvent acquérir des créances ou être obligées par leurs esclaves (L. 11, § 1, *De usuris*), et même *per extraneam personam* (L. 5, § 7 et 9, *De pec. const.*). Dans les sociétés ordinaires, chacun acquiert les créances tout entières pour lui-même, et, comme une créance est personnelle, il ne peut la communiquer aux autres ; mais ceux-ci ont contre lui l'*actio pro socio*, pour s'en faire livrer le bénéfice par une *procuratio in rem suam*. Il en résulte ceci : c'est que dans une société formant une personne morale, un créancier de la société poursuivi comme débiteur de l'un des associés ne peut lui opposer l'exception de compensation ; tandis que, dans les sociétés ordinaires, chacun étant débiteur ou créancier pour sa part, pourra opposer la compensation ou se la voir opposer.

Des différences du même genre se présentent encore dans une foule de cas ; la distinction que nous adoptons était donc bien réellement reconnue, et se fonde sur de nombreux textes.

CHAPITRE III.

DES DIVERSES ESPÈCES DE SOCIÉTÉS.

L'énumération la plus complète est donnée par Ulpien dans les lois 5 et 7 de notre titre ; il en compte cinq espèces : sociétés *universorum bonorum, omnium quæ ex quæstu veniunt, negotiationis alicujus, rei unius, vectigalis.*

SECTION Ire. — Société *omnium bonorum*.

Dans cette espèce de société, les associés mettent en commun toute leur fortune présente et à venir, actif et passif; c'est l'association prise dans son acception la plus large.

§ 1. — Composition de l'actif de la société *universorum bonorum*.

Tous les biens présents des associés tombent dans la communauté sans aucune exception. Un effet très-remarquable et exceptionnel de cette sorte de société, c'est que la seule force de la convention fait passer immédiatement, et sans l'emploi d'aucun mode translatif, à chacun des associés la propriété des choses appartenant à chacun des autres associés (L. 1, § 1, *h. t.*). Peut-être n'en était-il pas ainsi dans le premier état du droit romain ; peut-être intervenait-il entre les associés des mancipations pour les *res mancipi* et des traditions pour les autres choses. C'est cette conjecture qui faisait croire à Cujas que ces formalités réelles avaient été remplacées par des mancipations et des traditions fictives. Mais comment concevoir un acte comme la mancipation se faisant tacitement?

M. de Savigny voit dans cette communication instantanée une sorte de constitut possessoire ; chacun est censé avoir dit à l'autre : « Ce que je possédais seul je le posséderai pour vous et pour moi, et ce que vous possédiez seul vous le posséderez aussi pour vous et pour moi, et comme chacun agit dans l'intention d'aliéner, la com-

munication a lieu et ils deviennent copropriétaires. »
Cette explication est parfaitement plausible, car il avait
été admis qu'on pouvait posséder pour autrui.

Du reste, la raison de cette dérogation au droit commun s'explique par la grande difficulté qu'il y aurait eu
à prendre une à une toutes les choses composant l'universalité pour en transférer la propriété.

Quant aux créances présentes, elles restent propres
à chacun ; mais la communication se fait par la *procuratio
in rem suam* (L. 3, *h. t.*). En effet, la loi romaine n'admettant pas que des droits attachés à la personne pussent
quitter cette personne pour se reposer sur une autre tête,
on recourait à un moyen indirect. Le créancier donnait
à celui qu'il voulait investir de ses droits, mandat d'agir.
Celui-ci était donc un *procurator* ; mais, comme, par
suite de la convention, il devait garder le bénéfice de
l'action, il était *procurator in rem suam.*

Telle est la règle pour les biens présents ; mais que
décider pour les choses acquises dans le cours de la
société ? La loi 74 de notre titre répond que les biens
à venir corporels et incorporels doivent être communi-
qués au fur et à mesure qu'ils arrivent dans le patrimoine de chacun, et en employant les modes de translation de propriété propres à communiquer l'objet acquis
(L. 52, § 16 ; 3, § 1 et 73, *h. t.*).

Quand l'associé est déjà marié ou se marie dans le
cours de la société, la dot de sa femme tombe dans l'actif
social, mais elle y tombe telle qu'elle est dans le patrimoine du mari, d'après les principes relatifs à la dot. Or,
il doit arriver, ou que le mari la gardera, ou qu'il la
restituera ; si le mariage est dissous durant la société, et

que le mari garde la dot, elle est acquise à la société en toute propriété ; dans le cas contraire, la société doit la restituer, et n'a profité que des fruits. Si e'est la société qui est dissoute la première, le mari reprend la dot, car il a à supporter les charges du mariage (L. 65, § 16, *h. t,*).

§ 2. — Composition du passif de la *societas universorum bonorum.*

Pour les dettes présentes, nous n'avons pas de texte, mais il est facile de comprendre qu'elles doivent être communiquées comme les créances. Pour les dettes futures, elles sont toutes payées sur le fonds commun (L. 27 et 73, *h. t.*).

Au nombre des dettes futures, il faut comprendre la dot que le père associé donne à sa fille. Papinien a développé cette matière et résolu quelques difficultés qui s'y rattachent, dans la loi 81, *h. t.* ; mais il ne suppose pas une société universelle de tous biens, et c'est pour cela qu'il résout affirmativement la question de savoir si on a pu valablement convenir que la dot serait payée sur le fonds social, question oiseuse dans l'espèce de société qui nous occupe. Sauf cette différence, les applications sont les mêmes. Cette loi présente plusieurs hypothèses.

1° Si le mariage est dissous par la mort de la femme pendant la durée de la société, le père revendique la dot qu'il a fournie lui-même avant la société, ou que la société elle-même exécutant ses obligations a payée, et il la fait rentrer dans le fonds commun.

2° Le mariage est dissous par la mort du mari ou par le divorce ; la dot rentre encore dans le fonds commun, seulement à la charge de la rendre à un autre mari que prendrait la femme. Mais si la société, à cause du bénéfice de compétence, n'a recouvré qu'une partie de la dot, elle n'est obligée de rendre que cette partie, sauf convention contraire.

3° Le père associé a promis une dot au mari de sa fille; avant d'avoir payé la dot, il meurt en instituant sa fille héritière; survient le divorce; la femme se trouve à la fois créancière de la dot, puisque son père est mort, et débitrice de la même dot, en qualité d'héritière de son père qui ne l'a pas payée. Le mari peut donc demander à la femme sa dot comme héritière du père, mais il doit la lui restituer comme femme divorcée. Dans cette situation, il fait acceptilation à la femme, et de la sorte il la libère vis-à-vis de lui en même temps qu'il se libère vis-à-vis d'elle. Mais, en fin de compte, la femme ne touche rien; or, que devait-il se passer? La dot promise devait être payée des derniers communs; à la dissolution du mariage, le père étant mort, la dot devait revenir à la femme, sans obligation de rapporter à la société: il semble que la femme ait le droit de réclamer à la société la valeur de sa dot; mais Papinien décide le contraire. La femme avait droit à quoi? A une dot payée (*numerata*) par la société et restituée par le mari. Il n'y a pas eu de dot *payée* par la société, et le mari n'a rien restitué; donc la femme n'a droit à rien (*nequaquam imputari posse societati non solutam pecuniam*).

SECTION II. *Société universorum quæ ex quæstu veniunt.*

Cette société comprend tout ce qui est le résultat du

travail, de l'industrie de chacun des associés, comme achats, ventes, louages, etc. Par suite, ni les biens présents, ni les biens à venir acquis à titre gratuit ne font partie de cet actif, car ce n'est pas comme associé que chacun les acquiert, *sed ob meritum aliquod accedunt, et quia plerumque vel a parente, vel a liberto, quasi debitum nobis hereditas subvenit* (L. 9 à 13, *h. t.*, et 45, § 2, *De acquir. hered.*). Il y a de grandes analogies entre les règles qui déterminent les choses qui font l'objet de la *collatio bonorum* et celles qui déterminent les gains à comprendre dans l'actif social. Cependant, certaines choses qui ne seraient pas sujettes à la *collatio bonorum* comptent au nombre des acquêts ; ainsi, dans une société entre deux frères, la solde de l'un d'eux tombe dans la société, tandis, que dans l'application des règles de la *collatio bonorum* entre deux frères dont l'un est émancipé et l'autre reste *in potestate*, elle n'est pas rapportable (L. 52, § 8, *h. t.*).

Quant au passif, il se compose de toutes les dettes relatives aux opérations dont les gains appartiennent à la société (L. 12).

Section III. Societas alicujus rei.

Ici, la matière des opérations est restreinte. Il ne s'agit plus de tout ce qu'on peut gagner ou avoir ; l'objet de la société est déterminé. Le Digeste en offre plusieurs exemples ; ainsi, la société où l'on met en commun les profits à tirer des hérédités qui peuvent échoir à l'un ou à l'autre des associés (L. 3, § 2, *h. t.*) ; celle qui a pour objet l'exploitation d'un héritage (L. 2, Code, *pro socio*).

Evidemment les profits et les pertes faits en dehors de l'objet déterminé restent propres à chacun des associés (L. 2, § 6, *h. t.*).

SECTION. IV.— *Societas negotiationis alicujus.*

Ce qui distingue cette société de la précédente, c'est que l'industrie de chacun des associés est la chose principale ; les apports ne sont que des eléments d'application, et les bénéfices sont produits par une série d'opérations, tandis que dans la *societas unius rei* c'est la *res societatis* qui est la base de tout, c'est d'elle que procèdent tous les gains. On trouve un exemple de *societas negotiationis alicujus* dans l'espéce de la loi 52. § 5 *h. t.*, où deux *argentarii* se sont réunis pour faire la banque.

SECTION .V. — *Societas vectigalium.*

Bien que ce travail soit consacré uniquement aux sociétés ordinaires, et que la *societas vectigalis* soit une personne morale, du moins dans le dernier état de la législation (L. 1 *Quod cujusc. univ.*), elle doit trouver sa place ici, puisqu'elle figure dans l'énumération donnée par Ulpien, ce qui s'explique du reste, parce qu'elle participe du droit privé et du droit public. Elle avait pour but la ferme des impôts ; l'apport consistait dans l'industrie des uns, les capitaux des autres. Nous verrons relativement aux modes d'extinction, les différences qui la distinguaient des sociétés ordinaires.

DEUXIÈME PARTIE.

Opérations.

Le mode d'administration de la société résulte des rapports des associés entre eux ; et, à son tour, il exerce une influence remarquable, tant sur ces rapports que sur les rapports des associés vis-à-vis des tiers. Nous examinerons donc en premier lieu le mode d'administration de la société, en second lieu les obligations et les droits des associés dans leurs rapports réciproques, et enfin les obligations et les droits résultant de leurs rapports avec les tiers.

CHAPITRE I.

DE L'ADMINISTRATION DE LA SOCIÉTÉ.

Nous avons eu soin de distinguer les sociétés ordinaires de celles qui formaient un corps moral. Ces dernières ont un *syndicus* on *actor*, chargé de tout faire au nom de l'être collectif qu'ils représentent. Dans les sociétés ordinaires, l'individualité de chacun des associés est conservée ; par suite il ne peut être question de *syndicus*, force est bien de recourir au droit commun. Si donc les associés se sont entendus pour nommer un gérant commun, il faut applipuer les règles ordinaires du mandat donné par plusieurs, s'ils ont gardé le silence, chacun d'eux peut prendre à l'administration de la chose sociale la part qu'il lui plaît, sous les restrictions des droits d'autrui (L. 52, § 13, h. *tit*). Il serait donc vrai de dire que les sociétés n'avaient pas d'administration, dans le sens restreint et technique que nous attachons à ce mot quand il nous représente des idées d'unité et de centralisation.

CHAPITRE II.

DES RAPPORTS DES ASSOCIÉS ENTRE EUX.

Ces rapports comprennent: 1° les obligations de chacun des associés envers l'ensemble des autres associés; 2° les obligations de l'ensemble vis-à-vis chaque associé individuellement.

SECTION I. — *Obligations de chaque associé envers l'ensemble des associés.*

Elles sont de deux sortes : positives, c'est-à-dire concernant tout ce que les associés doivent faire; négatives, comprenant tout ce dont ils doivent s'abstenir.

§ 1. — Obligations positives.

1° *Réaliser l'apport.* — Par la convention même de société chacun des associés se reconnaît débiteur de la société; il lui doit la prestation de sa mise. Cette obligation de l'associé offre beaucoup´d'analogie avec celle du vendeur dans le contrat de vente ; du moins au point de vue des risques, comme dans la vente, il faut distinguer si la société a été contractée purement et simplement ou sous condition.

Soit, en premier lieu, une société pure et simple. L'associé a promis la propriété d'un corps certain; si l'objet périt, en principe il périt pour le créancier (L. 58 *pr. in fine*). Par exception, il périrait pour le débiteur, s'il y avait faute de sa part, ou s'il était en demeure de livrer. L'associé a promis de l'argent ou des choses fongibles ; d'après le principe que *genera non pereunt*, la destination qu'il aurait donnée à telle somme ou à tel individu du genre ne peut mettre les risques à la charge de la société. C'est donc lui qui doit supporter la perte survenue avant la réalisation de l'apport (L. 58, § 1). — Si enfin l'associé a promis l'usage d'une chose, comme le jouissance d'un bâtiment pour une exploitation, en s'en réservant la propriété, cet objet venant à périr, périt pour l'associé, mais aussi la jouissance en est perdue pour la société.

Si nous supposons une société soumise à l'événement d'une condition, il faut appliquer un double principe : jusqu'à l'arrivée de la condition, il n'y a rien de fait, par suite rien n'est dû (*spes et tantum debitum iri*), mais, si la condition se réalise, son effet est rétroactif, et remonte jusqu'au jour du contrat. D'après cela, supposons la chose totalement périe, quand la condition arrive ; l'effet rétroactif ne peut s'appliquer à rien, puisque l'objet du contrat n'existe plus : donc la perte doit être pour le débiteur. Mais si la perte n'arrivait qu'après l'accomplissement de la condition, évidemment la perte serait à la charge de la société ; car, du jour de la réalisation de la condition, le contrat devient pur et simple. La loi 58 pr. nous en offre un exemple remarquable.

C'est une société formée entre deux individus pour la vente d'un quadrige : l'un fournit un cheval, l'autre trois chevaux, et ils conviennent que, sur le prix, le premier prendra un quart, l'autre les trois quarts ; c'est là une société conditionnelle. En effet, quel est le but des associés? C'est de vendre les chevaux réunis en attelage, pour en tirer un meilleur prix que s'ils les vendaient séparément ; leur société est soumise à la condition de la vente ; si donc avant la réalisation de cette condition, le cheval du premier vient à périr, c'est pour lui qu'il périt et non pour la société, car la société n'a jamais existé ; et le jurisconsulte a bien soin de distinguer ce cas de celui où la société aurait eu pour objet la formation d'un quadrige et rien de plus ; car alors, la société existant dès le principe, chacun des chevaux qui forment le fonds social serait aux risques de la société.

2° *Rapporter les gains faits* ex societate.—Le but de l'association étant de faire profiter l'ensemble du travail de chacun, il faut bien que chacun rapporte à la caisse commune le bénéfice qu'il a pu faire sur la chose de la société, comme le produit du travail de l'esclave commun (L. 60). Bien entendu, cette restriction aux choses acquises *ex societate* n'est vraie que pour celles qui ne sont pas à titre universel.

Quant aux bénéfices faits en dehors du fonds social, ils restent propres à chacun des associés. Ainsi, soient deux associés ; l'un meurt, laissant un legs sans la liberté à l'esclave commun; ce legs appartiendra pour le tout à l'associé restant, sans obligation de le partager avec l'héritier de l'autre, parce que la société étant dissoute par la mort du testateur, l'esclave n'était plus esclave de la société, lorsqu'il a fait profiter du legs l'associé survivant (L. 63, § 9). Ainsi encore, si l'un des associés a fait un *mutuum* avec l'argent de la société en son propre nom, comme les risques du capital prêté sont pour lui, il ne doit pas à la société l'intérêt qu'il a retiré du prêt qu'il a fait, mais seulement une indemnité pour l'intérêt commun que la société aurait pu retirer de cette somme. Il en serait autrement s'il avait prêté au nom de la société, parce qu'alors les risques étant pour elle, les bénéfices auraient été faits *ex societate* (L. 67, § 1). Autres exemples (L. 12, *De auctor. et cons. tutor.*; — L. 18, *pr.*, *De stipul. serv.*).

Les bénéfices faits non pas *ex societate*, mais seulement *propter societatem* restent aussi propres à chacun; par exemple, dans le cas où la qualité d'associé aurait valu à l'un d'eux une institution d'héritier ou une donation (L. 60, § 1, *in fine*).

3° *Apporter aux affaires de la société le même soin qu'à ses propres affaires.*—Ainsi, lorsqu'un associé reçoit une somme d'un débiteur qui est aussi débiteur de la société, il doit imputer le payement également sur sa créance et sur celle de la société; mais, comme chacun doit savoir avec qui il s'associe et ne pas se fier à des gens incapables ou négligents, s'il en souffre, il n'a qu'à s'en prendre à lui-même de sa propre imprudence (Inst., *h. t.*, § 9. ; — L. 72).

La loi n'exige pas de l'associé une diligence excessive,

la plus grande attention ; si donc, par suite de circonstances qu'il ne pouvait pas raisonnablement connaître,
un des associés n'a reçu que ce qui lui était dû, il ne
doit rien aux autres, quand même ceux-ci n'auraient
rien touché de leur part. Ainsi, quand un associé partage le prix de la chose commune avec l'héritier appa-
rent de son associé, en réalité il n'a touché que ce qui
lui revenait et n'est pas obligé d'en faire profiter l'héritier véritable qui n'a rien reçu ; ce dernier n'a alors
de recours que contre le possesseur, l'héritier appa-
rent (L. 62).

§ 2. — Obligations négatives.

1° Aucun des associés ne peut, sans la permission des
autres, altérer la chose commune ; en effet, la chose commune est sans doute affectée à l'usage de tous, mais aucun n'est propriétaire *proprio nomine :* il ne l'est que
communi nomine ; il ne peut donc s'arroger les droits
d'un propriétaire absolu, par suite du principe que *in
pari causâ melior est causa prohibentis.* S'il a profité de
l'absence de son associé pour faire une modification, celui-ci a contre lui l'action *pro socio* pour le forcer à
détruire son ouvrage, et, de plus, une action en indemnité. Quand l'autre associé a négligé d'opposer sa prohibition alors qu'il le pouvait, il a encore l'action d'indemnité, mais il ne peut plus détruire ce qui a été fait.
Que s'il a consenti aux innovations, évidemment il n'a
plus le droit de revenir sur ce qui s'est passé (L. 28, *Commun. div.*— L. 27, § 1, *De serv. præd. urb.* — L. 11, *Si
serv. vindic.*). Ce serait donc violer le droit de la société

que d'inhumer un mort dans un fonds commun, car c'est en changer la nature, et le mettre hors du commerce (*Inst.*, *De rer. divis.*, § 9). Les lois 6 § 6, *Comm. div.*, et 39, *Pro socio*, répètent cette prohibition. Seulement la première donne l'action *in factum*; la seconde, l'action *pro socio*. D'où vient cette différence? Peut-être pourrait-on soutenir que c'est parce que, dans le premier cas, il s'agit d'un terrain indivis, à la suite d'un autre fait que la société, et que, dans le second, il y a société entre les copropriétaires.

2° Un associé ne peut aliéner sa part au préjudice des autres. Nous devons signaler ici un fait qui nous paraît une anomalie en droit romain; ce n'est pas que ce droit défende à l'associé de vendre sa part dans la chose commune, mais il semble dire que l'associé la vend sous les obligations personnelles dont il est tenu lui-même. Si donc il s'était soumis à ne pas demander le partage pendant un temps déterminé, les associés pourraient opposer cette exception aussi bien à son acheteur qu'à lui-même (L. 16, § 1, *h. t.*, et 14, § 3, *Comm. div.*).

On pourrait peut-être comparer à cette disposition celle de l'art. 1743 du Code Nap., où l'acheteur est obligé de respecter le bail passé par son vendeur. De même, d'après l'art. 1860, l'associé non administrateur ne peut aliéner les choses de la société. Mais des raisons graves expliquent ces dérogations au droit commun, et d'ailleurs le Code le dit formellement. Il nous paraît bien difficile de croire qu'en droit romain une chose puisse jamais passer entre les mains d'un acheteur, grevée d'une obligation personnelle du vendeur. Nous ne pouvons donc nous résoudre à admettre cette anomalie, et nous pensons qu'il intervenait, lors de la vente, un acte par lequel l'acheteur s'obligeait personnellement à respecter la convention d'indivision pendant un certain temps; ce qui permettait aux associés d'invoquer l'exception contre lui. Et la preuve en est dans la loi 17 de notre titre. Ce texte admet un recours en dommages-intérêts des associés contre l'associé vendeur; quel dommage ont-ils donc éprouvé? Pourquoi n'ont-ils pas opposé l'exception directement à l'acheteur? Il faut bien supposer que le vendeur avait négligé d'obliger personnellement l'acheteur, et que ce dernier n'ayant pas respecté la clause *ne dividatur*, les associés avaient dû subir le partage. Donc, la chose n'avait pas passé entre les mains de l'acheteur, grevée de l'obligation personnelle du vendeur.

En vertu de la même obligation, l'associé ne peut aliéner sa part sans le consentement des autres, aussitôt que la *litis contestatio* a eu lieu sur l'action *communi dividundo* (L. 1, Cod., *Com. div.*).

3° Les associés doivent s'abstenir du dol et de la faute. Cette obligation comprend trois choses dont l'associé est responsable, *moram, dolum, culpam.*

La *mora* est le retard qu'un associé met à payer à la société ce qu'il lui doit. Le point de départ en est toute interpellation, toute action tendant à obtenir ce payement. Examinons quels en seront les effets; l'associé doit un corps certain; la demeure met à sa charge les cas fortuits. L'associé doit une somme d'argent; la *mora* le rend débiteur des intérêts de la somme. Mais faut-il qu'il y ait *mora*, et un autre fait ne suffit-il pas pour faire courir les intérêts? Voici ce que dit la loi 1, § 1, *De usuris : Socius si ideo condemnandus erit quod pecu-*

*niam communem invaserit, vel in suos usus converterit,
omnimodo etiam mora non interveniente præstabuntur
usuræ.* Il semble résulter de ce texte que le simple emploi de l'argent commun fait par l'associé le rende passible de dommages-intérêts. Mais la loi 67, § 1, de notre
titre, semble dire tout le contraire : *Si unus ex sociis....
communem pecuniam fœneraverit, usurasque perceperit,
ita demum usuras partiri debet, si societatis nomine fœneraverit, nam, si suo nomine, quoniam sortis pericu-
lum ad eum pervenerit, usuras ipsum retinere oportet.*
Ainsi, l'associé a-t-il prêté en son propre nom l'argent
de la société, ce texte décide positivement qu'il ne lui
doit pas les intérêts qu'il a retirés de l'opération ; c'est
pourtant bien le *pecuniam communem invaserit* de la
loi 1, *De usuris.* Nous distinguerons deux sortes d'intérêts : l'intérêt commun du lieu (L. 1, pr., *De usuris*),
et l'intérêt calculé d'après le dommage causé (*lucrum
cessans et damnum emergens*). Ce dernier n'est jamais
dû pour le simple emploi de l'argent, et l'associé garde
pour lui le bénéfice qu'il a fait. Tel est le sens de la
loi 67 ; quant aux intérêts communs du lieu, la loi 67
ne s'en occupe nullement ; c'est dans la loi 1, *De usuris,*
qu'il en est question : ils sont dus pour le simple emploi
de l'argent, et ils se calculent non plus d'après le dommage causé, mais d'après l'usage, *ex more regionis.* Ces
deux textes ne se contredisent donc pas, puisqu'ils s'oc-
cupent de deux choses différentes ; mais si, outre l'emploi
personnel, il y avait *mora,* c'est alors que l'associé devrait les dommages-intérêts, calculés d'après le dommage
causé, et non plus les simples intérêts du lieu : *Socium,
qui in eo, quod ex societate lucri faceret, reddendo moram*

adhibuit, cum ea pecunia ipse usus sit, usuras quoque præstare debere, Labeo ait; sed non quasi usuras, sed quod socii intersit moram eum non adhibuisse (L. 60, § 1, *h. t.*). Il ne faut donc pas lire au lieu de *cum* le mot *aut*, ce qui voudrait dire que l'un des deux faits, l'emploi de l'argent, par exemple, pourrait à lui seul donner lieu à des dommages-intérêts, mesurés d'après le dommage causé ; autrement, les deux textes précédents ne seraient pas conciliables.

—Le *dolus* est tout fait illicite et nuisible, commis avec mauvaise intention. La *culpa lata*, c'est-à-dire le défaut de soin que donne à ses affaires le moins diligent, le plus grossier des hommes, est assimilée au dol : *magna culpa dolus est* (L. 226, *De verbor. signific.*). Assurément, l'associé en est responsable (L. 52, § 2, *h. t.*).

—Enfin, la *culpa* se rattache à l'obligation d'apporter aux affaires de la société le même soin qu'à ses propres affaires. Il s'agit donc ici de celle qu'on appelle ordinairement la *culpa levis* (L. 72, *h. t.*); elle embrasse les fautes de commission et les fautes d'omission. De plus, tout *damnum ex lege Aquilia*, causé par un associé, même quand sa faute est très-légère, donne lieu à une action contre lui (L. 44, *Ad leg. Aqu.*; 47, § 1, *h. t.*). Nous verrons plus tard le concours de l'action *ex lege Aquilia* et de l'action *pro socio*. Mais on peut, par des conventions, augmenter ou restreindre la responsabilité de chacun, sauf quand il s'agit du dol; ainsi, l'estimation donnée à la chose l'oblige à la *custodia* et met à sa charge des faits dont autrement il n'eût pas répondu, comme le vol simple ; mais il ne répond pas pour cela des événements qu'il est au-dessus des forces ordinaires d'empêcher, comme l'incendie ou le vol à main armée (L. 52, § 3), dans le cas, bien entendu, où il n'a commis aucune imprudence. Un associé a fait faire un bénéfice considérable à la société; d'un autre côté, il lui a causé une perte : peut-il compenser l'un par l'autre? Il y eut quelque temps controverse à ce sujet, mais on finit par décider que la compensation n'était pas possible. Comment, en effet, admettre qu'on vînt dire à ses associés : *abstine commodo, si damnum petis* (L. 23, § 1, 25, 26, *h. t.*)?

4° On ne peut imposer à ses associés un autre associé qu'on s'est adjoint; chacun des associés est libre de former une société particulière avec un étranger, mais ses associés ne doivent pas en souffrir (LL. 15 et 20, *h. t.;* 47, § 1, *De reg. jur.*). Le *socius socii* ou croupier est donc en dehors de la société; les choses doivent se passer comme s'il n'existait pas, mais il a droit à partager avec son *socius*. Supposons donc deux associés : *Primus* et *Secundus,* et *Tertius* croupier de *Secundus; Primus* gagne 16 pour la société : il gardera 8 pour lui. *Secundus* prendra 8, mais il partagera avec *Tertius,* et ils auront chacun 4. Même règlement, si les 16 sont gagnés par *Secundus.* Mais supposons que ce soit *Tertius,* le croupier, qui fasse ce bénéfice : il sera obligé de partager avec son associé *Secundus,* qui prendra 8; mais alors *Primus* aura le droit de réclamer la moitié de ce bénéfice, et il ne restera à *Secundus* que 4; il aura donc un recours contre *Tertius,* pour égaliser leurs parts, et chacun d'eux aura droit à 6. Le règlement se ferait dans les mêmes proportions, s'il s'agissait de pertes à répartir (LL. 19 à 23).

SECTION II. —*Obligations de tous les associés envers chaque associé.*

Ces obligations sont comme la contre-partie de celles que nous venons d'examiner. Donneau les range en trois catégories :

1° Chaque associé peut se faire rembourser des avances qu'il a faites pour la société (L. 52, §§ 12 et 15, *h. t.*).

2° Il peut se faire indemniser des pertes personnelles qu'il a éprouvées dans l'intérêt commun, pourvu que le service de la société en soit la cause directe (LL. 52, § 4 ; 60, § 1 et 61, *h. t.*).

3° Enfin, il a le droit de forcer ses associés à supporter leur part des dettes par lui contractées pour la société (L. 27, *h. t.*) ; et, si ces dettes sont soit conditionnelles, soit à terme, il a le droit d'exiger des garanties pour le remboursement à l'époque d'exigibilité (LL. 28 et 67, *h. t.* ; 41, *De judiciis*, et 26, *De œdil. edict.*).

CHAPITRE III.

RAPPORTS DES ASSOCIÉS AVEC LES TIERS.

Les associés peuvent traiter avec les tiers, soit directement par eux-mêmes, soit indirectement, par un intermédiaire. On sait que l'ancien droit romain repoussait l'idée de la représentation, inconvénient qu'atténuait un autre fait juridique : les individus *alieni juris* étant en quelque sorte les instruments de ceux sous la puissance desquels ils étaient, on pouvait acquérir par eux. Mais, enfin, grâce au préteur, on finit par admettre une sorte de représentation donnant aux tiers contre le représenté des actions utiles ou indirectes, et même parfois des actions directes. Nous aurons donc à examiner les créances ou les obligations existant entre les tiers et les associés, créées, soit par eux-mêmes, soit par l'intermédiaire d'une personne *alieni juris*.

SECTION I. — *Les associés ont contracté directement avec les tiers.*

Nous distinguerons deux cas :

1° *Le tiers est débiteur*. Alors chaque associé n'a contre lui d'action que pour sa part; en effet, il ne peut pas obliger le tiers vis-à-vis de ses coassociés; il n'aurait d'action *in solidum* que s'il avait reçu un mandat des autres, ou que tous fussent *correi stipulandi* (Inst., liv. 3, tit. 16, § 1).

2° *Le tiers est créancier*. Chacun des associés est-il tenu *in solidum*? Cette question a été débattue. Pour l'affirmative, on a soutenu que l'action était solidaire contre chacun des associés pendant la durée de la société, en s'appuyant surtout sur les termes suivants de la loi 27, *Pro socio : Omne œs alienum, quod, manente societate, contractum est, de communi solvendum est*. Mais une telle expression ne peut avoir le sens qu'on lui prête : elle veut dire seulement que la dette est payée sur le fonds social; d'ailleurs, la distinction qu'on fait ne serait plus possible, puisque la loi ajoute que les dettes sont aussi payées *de communi* quand la société est dissoute. Nous préférons l'opinion qui repousse la solidarité. La loi 4, *De exerc. act.*, est formelle : *Si tamen plures per se navem exerceant, proportionibus exercitionis conveniuntur*. De plus, la loi 44, *De œdilit. edict.*, confirme ce principe, en y apportant une exception. On donne l'action édilitienne *in solidum* contre tout individu faisant partie d'une société pour le commerce des esclaves, à cause de la réputation de rapacité des gens qui s'y livraient, et pour éviter à l'acheteur lésé de plaider contre tous ; mais son action contre chacun des associés sera toujours proportionnelle à leur part d'associé.

Nous ajouterons au cas exceptionnel de solidarité cité par ce fragment quelques autres exceptions. Chaque associé peut être tenu *in solidum*, si cela résulte de la convention, ainsi dans le cas où ils sont *correi promittendi ;* si les associés sont obligés non plus principalement, mais comme fidéjusseurs ; s'ils sont tenus pour un délit commun ; et, enfin, dans l'espèce particulière à laquelle fait allusion la loi 25, *De pactis*. Les *argentarii* associés pour faire la banque étaient tenus *in solidum* par des motifs d'ordre et de crédit public.

SECTION II. — *Les associés ont contracté par un intermédiaire.*

Première hypothèse. — L'intermédiaire est un esclave.
I. — Occupons-nous en premier lieu de l'acquisition d'une créance. On sait que l'esclave n'a pas de personnalité ; il n'acquiert rien pour lui-même (L. 41, *De pecul.*), il n'acquiert que pour son maître, et quand il en a plusieurs, pour chacun *pro dominii portione* (L. 63, § 1,

De acq. rer. dom.; Instit. III, 18, § 3). Ainsi, la créance acquise par un esclave commun contre les tiers se divise de plein droit entre les associés, et chacun d'eux peut l'exercer pour sa part, sauf pourtant dans trois cas : 1° si l'esclave n'a stipulé que pour l'un d'eux (L. 37, § 3, *De acq. rer. dom.*) ; 2° si une libéralité ne lui a été faite qu'en vue d'un des maîtres (L. 13, *De donat.*) ; 3° si quelqu'un des associés ne peut acquérir la chose, par exemple, s'il en était déjà propriétaire (Instit., III, 20, § 22).

II. — L'esclave commun a contracté une obligation : Le principe est que le maître n'est pas obligé, par le fait de son esclave ; mais le droit rigoureux se modifia peu à peu, et dans certains cas, le préteur donna des actions contre le maître, par suite des opérations de ses esclaves. Ces exceptions s'étendirent tellement qu'elles finirent par se substituer pour ainsi dire à la règle. Ainsi, le maître avait-il donné l'ordre à l'esclave de s'obliger, l'avait-il préposé à un navire, à une boutique ; lui avait-il abandonné un pécule, et avait-il profité des actes de son esclave, il était tenu directement par l'actio *quod jussu, exercitoria, institoria, de peculio, de in rem verso.* Au lieu d'un seul maître, qu'on en suppose plusieurs, ces actions se donneront contre chacun ; mais seront-elles *in solidum?* Oui, chacun des maîtres sera tenu *in solidum* ; c'est ce que nous apprennent Paul (L. 5, § 1, *Quod jussu*), Ulpien (L. 1, § 25, *De exercit. act.* — L. 13, § 2, *De inst. act.*) et Gaius (L. 27, § 8, *De pecul.*). Ce dernier jurisconsulte en donne la raison : *Est enim iniquum in plures adversarios distringi eum, qui cum uno contraxerit.* Et, d'ailleurs, cela n'a rien d'injuste à l'égard des associés, car : *Nec tamen res damnosa fu-*

tura est ei qui condemnatur, cum possit rursus ipse ju-dicio societatis, vel communi dividundo, quod amplius sua portione solverit, a socio sociisve suis consequi.

Mais le recours ne peut être exercé par l'associé qui a payé, que contre ceux de ses associés qui étaient eux-mêmes obligés ; ce qui n'aurait pas lieu, s'ils n'avaient pas donné de mandat. Ainsi, supposons que l'esclave de Titius et de Paul associés n'ait de pécule que chez Paul ; ce dernier, poursuivi par l'action *De peculio,* n'aura pas de recours contre Titius, puisque celui-ci ne peut être obligé par les actes de l'esclave.

Deuxième hypothèse. — L'intermédiaire est un homme libre, associé ou non.

I. — Le tiers s'est obligé vis-à-vis du représentant de la société : celui-ci a seul l'action, mais les associés peuvent le forcer à la leur céder par la *procuratio in rem suam.* Dans certains cas seulement, le préteur accordait aux mandants des actions utiles contre les tiers obligés, pour en obtenir directement le payement (L. 13, § 25, *De act. empt.*). Le même bénéfice aura lieu pour les associés qui se sont fait représenter. Ainsi, dans le cas où le maître d'une boutique n'a pas d'autre moyen de recouvrer les créances résultant des opérations de l'*institor,* parceque celui-ci est insolvable, ou qu'il a pris la fuite (LL. 1 et 2, *De inst. act.; —* 5, *De stip. serv.*).

II. — Le représentant des associés s'est obligé en leur nom. Dans le principe, l'action n'est donnée au créan-cier que contre le mandataire. Mais, comme nous l'avons vu, le droit se modifia et on en vint à donner au créancier une action utile *in solidum* contre chacun des mandants, à l'exemple des actions institoires, exercitoires, etc. Les textes là-dessus ne peuvent laisser aucun doute (LL. 19, *Inst. act.* — 1, § 25 et 2, *Exerc. act.*); quelques auteurs même admettent une action *directa ex contractu*.

Ces actions peuvent-elles toujours être intentées contre l'un des associés *in solidum*, même quand l'insolvabilité des autres lui ôte tout moyen de se faire rembourser? On a soutenu la négative en combinant les lois 14 et 13, § 2, *De Inst. act.* avec le fr. 27, § 8, *De pecul.* La raison, a-t-on dit, de cette obligation *in solidum* qui pèse sur chacun, c'est que les associés ont leur recours l'un contre l'autre; si donc ce recours vient à cesser d'être possible, l'obligation *in solidum* ne doit pas subsister. Mais nous aimons bien mieux la raison donnée par la loi 27, § 8, *De peculio* : c'est que cette action *in solidum* est donnée dans l'intérêt du tiers créancier, car il serait inique qu'on fût forcé de poursuivre plusieurs adversaires, quand on n'a contracté qu'avec un seul. Le simple fait que les recours entre associés sont impossibles ne peut changer le droit.

III. — Il peut arriver que l'homme libre chargé de représenter la société, ou l'un des associés, ait contracté, non plus en leur nom, mais en son propre nom. Dans ce cas, soit qu'il ait acquis une créance, soit qu'il se soit obligé, lui seul est en cause ; lui seul peut exercer les actions, lui seul en est passible de la part des tiers, sauf les comptes à régler entre lui et ses associés, par l'action *pro socio*; et nous ne pouvons admettre aucune action

des créanciers contre les associés, quand même l'argent
de ces créanciers est tombé dans la caisse sociale. On a
voulu faire résulter une pareille action des termes de la
loi 82 de notre titre : *Jure societatis per socium œre
alieno socius non obligatur, nisi in communem arcam
pecuniœ versœ sint.* Du moment, dit-on, que l'argent
résultant de la créance est tombé dans la caisse sociale,
les associés sont tenus; mais la loi n'ajoute pas envers
qui, et, comme cette obligation a lieu *jure societatis*, on
voit bien qu'il s'agit des comptes entre associés. Le sens
de ce fragment est que les associés sont tenus à l'égard
de leur associé, quand celui-ci a fait tomber l'argent résultant d'un emprunt, dans la caisse commune.

Que si l'un des associés a prêté des capitaux de la
société sans mandat aucun, il n'y a *mutuum* que pour
sa part, car il n'a pu transférer la propriété du reste
(**L.** 16, *De reb. credit.*).

TROISIÈME PARTIE.

Liquidation.

Nous avons vu successivement la société se fonder,
s'organiser, se développer et fonctionner, tant entre associés qu'à l'égard des tiers. Nous sommes arrivés au
moment où elle cesse pour l'avenir; il s'agit alors de
régler les droits résultant pour chacun du contrat qui
les a réunis, ce que nous nommons la liquidation. Nous
aurons à examiner, sous deux chapitres différents : 1° les

faits qui donnent lieu à cette liquidation, c'est-à-dire les causes de la dissolution ; 2° sur quelles bases doit se faire cette liquidation.

CHAPITRE I.

FAITS QUI DONNENT LIEU A LA LIQUIDATION.

Suivant Ulpien, la société est dissoute par quatre modes différents : *ex personis, ex rebus, ex voluntate, ex actione* (L. 63, § 10).

SECTION PREMIÈRE. — Extinction *ex personis.*

I.— *Par la mort de l'un des associés.*—Le contrat de société étant basé sur la considération des personnes et la confiance qu'elles inspirent, il est naturel que la mort de l'une d'elles amène la dissolution de la société.

Pour le même motif, on ne pourrait convenir en s'associant que les héritiers de l'associé qui viendraient à mourir continueraient la personne du défunt en qualité d'associés, car l'héritier à venir d'une personne vivante est toujours une personne incertaine, à moins de porter atteinte à la liberté de tester. Mais on peut valablement convenir que la société continuera entre les survivants (L. 65, § 9); il y aura lieu alors à une liquidation partielle pour le règlement des intérêts du défunt.

L'héritier n'est pas associé, mais il succède aux droits et actions résultant du contrat qui a existé. En tant donc que représentant la personne du défunt, il peut être poursuivi par l'action *pro socio* pour toutes obligations de son auteur, telles que la prestation des fautes (LL. 35-36-40) ; mais, en tant que copropriétaire, il ne peut être passible que des actions résultant de l'indivision.

Sous ce rapport, la *societas vectigalis* offre deux particularités remarquables : elle continue de plein droit entre les associés survivants (L. 59) (1), et de plus, elle peut continuer avec les héritiers de l'associé décédé. Ce second point présente quelques difficultés, à cause des conditions requises pour que cette continuation ait lieu.

Pomponius et Ulpien, dans les lois 59 et 63, § 8, emploient deux termes qu'il ne faut pas confondre, *l'adscriptio* et *l'adscitio*. On admet que dans la société *vectigalis*, l'héritier peut être *adscriptus*, c'est-à-dire désigné d'avance, dans le contrat, comme devant succéder à son auteur en qualité d'associé ; mais il faut de plus qu'au moment du décès il soit *adscitus*, c'est-à-dire agréé par les associés, qui ne sont nullement forcés de s'adjoindre un homme incapable ou malhonnête. S'il est *adscitus*, il exerce tous les droits et subit toutes les obligations du *socius* ; sinon, en sa qualité d'*adscriptus*, il est plus que l'héritier d'un associé ordinaire, et il continue à être intéressé à la société, mais il ne peut se mêler à la gestion. S'il n'avait pas été *adscriptus*, la société n'en continuerait pas moins entre les survivants, mais il serait en dehors de tout intérêt dans la société, comme l'héritier d'un associé ordinaire. Cette interprétation de deux textes qui ont donné lieu à de nombreux commentaires, à de longues discussions dans lesquelles nous n'entrerons pas, est peut-être la plus simple, et

---

(1) Cujas, *Observ.*, liv. x, ch. 25, t. iii, p. 279.

concilie ces lois 59 et 63, § 8, de notre titre.

II.—*Par la* maxima *et la* media capitis deminutio, c'est-à-dire la privation des droits d'homme libre et de citoyen (Inst. I, XVI, § 1 et 2). En effet, celui qui subit la *maxima* et la *media capitis deminutio* est réputé mort, *pro mortuo habetur* (L. 63, § 10 ; — 65, § 12). La société peut continuer entre les autres, si telle est leur volonté. La *minima capitis deminutio* n'a pas les mêmes effets (58, § 2). La société continue avec l'associé, quoique *capite minutus*. Pourquoi? C'est qu'elle lui laisse une personnalité, et que la société est contractée surtout en vue des personnes. Ainsi, le fils de famille émancipé et même l'homme libre adrogé conservent leur qualité d'associés (L. 65, § 11). L'émancipation du fils de famille associé donne lieu à deux actions : l'une contre le père, mais seulement pour tous les faits antérieurs à l'émancipation, car, à partir de cette époque, le père n'est plus responsable ; l'autre contre le fils, pour le temps qui a précédé et pour le temps qui suit l'émancipation (L. 58, § 2). L'adrogation de l'homme libre ne fait pas passer les droits et actions de l'associé à l'adrogeant, car ce serait imposer un associé contre le gré des parties ; mais l'adrogé seul reste associé, comme le serait un fils de famille (L. 65, § 11). Les actions continuent donc à subsister contre lui. Gaius nous dit (§ 38, *Com.* IV) que ce ne sont que des actions utiles ; ce qui prouve qu'il n'en a pas toujours été ainsi, et que, dans le principe, l'adrogation faisait perdre aux associés les actions contre leur associé adrogé. Mais, à partir de l'adrogation, nul doute que les associés puissent attaquer l'adrogateur *De peculio.*

La *publicatio bonorum*, la *proscriptio bonorum*, la

cessio bonorum, c'est-à-dire toutes ventes en masse des biens du débiteur pour dettes, soit envers le tuteur, soit envers des particuliers, sont aussi des causes de dissolution de la société (Inst. III, 25, § 7 et 8), et c'est sans doute ce que Modestin comprend dans le mot *egestas* (L. 4, § 1); mais Théophile remarque que ces diverses sortes de confiscations pour anéantir la société doivent être totales et non partielles.

Citons encore comme mode de dissolution *ex personis*, l'aliénation d'un esclave associé. En effet, l'esclave, en changeant de maître, change de personnalité. Sans doute les associés pourront convenir que la société subsistera, si le nouveau maître y consent, mais ce sera comme une nouvelle société; ce qui donnera lieu à deux espèces d'actions : les unes contre le maître aliénateur, pour tous les faits qui ont précédé l'aliénation; les autres contre l'acquéreur, pour les faits qui l'ont suivie (L. 58, § 3).

SECTION II. — Extinction *ex rebus*.

La société se dissout *ex rebus :* 1° quand l'opération pour laquelle elle a été formée est terminée (L. 65, § 10); 2° quand le terme fixé à sa durée est échu (*ibid.*); 3° quand le fonds social a péri ou a été retiré du commerce (L. 63, § 10).

SECTION III. — Extinction *ex voluntate*.

La société peut être dissoute par la volonté de tous ou d'un seul. Le mutuel dissentiment, en effet, est une cause naturelle d'extinction de tout contrat consensuel (Inst., *Quib. mod. toll. obl.*, § 4, et L. 65, § 3, *h. t.*).

Mais il y a plus ; la renonciation d'un seul peut amener la dissolution (*ibid.*) ; c'est toujours par le motif que la société a pour base la confiance et l'union entre les associés (L. 5, Cod., *Com. div.*). Pour être valable cependant, cette renonciation est soumise à plusieurs conditions.

En premier lieu, elle doit être faite sans fraude, c'est-à-dire que l'associé ne doit pas se retirer de la société pour son avantage personnel, comme il arriverait dans le cas où l'associé de tous biens renoncerait, afin de garder pour lui seul une succession qui va lui être déférée (L. 65, § 3 et 4).

En second lieu, elle ne doit pas être intempestive. Il faut ici faire une distinction. S'il n'a été fixé aucun terme exprès, l'associé peut renoncer, à condition que l'intérêt général ne s'y oppose pas ; mais, dès qu'il nuit aux droits et espérances légitimes de ses associés, sa renonciation est intempestive ; par exemple, si, dans une société pour la vente des esclaves, l'un des associés demandait la dissolution dans un moment où les esclaves se vendent mal, sa demande serait inopportune, parce que, en forçant à liciter, il met ses associés en perte (L. 65, § 5).

Quand la société est limitée à un terme fixe, toute renonciation avant le terme est réputée intempestive. Néanmoins, elle n'aurait pas ce caractère, si elle était légitimée, soit par l'impéritie et la mauvaise gestion des autres, soit par un cas de force majeure, comme le service de l'État (L. 16, *pr.*).

Enfin la troisième condition, c'est que la renonciation

soit légalement notifiée, c'est-à-dire que les autres associés en aient connaissance (L. 18). On peut renoncer régulièrement par son mandataire spécial ou général (L. 65, § 7); on peut aussi notifier sa renonciation au mandataire de son associé; mais il faut de plus que le mandant ait pris connaissance de cette notification (L. 65, § 8). La renonciation peut aussi être tacite; en un mot, elle peut être faite de toutes manières possibles, pourvu qu'elle soit connue (L. 58, § 3. — L. 64).

Toute renonciation qui ne réunit pas ces conditions, c'est-à-dire qui est frauduleuse, intempestive ou non légalement notifiée, n'a pas pour effet de dissoudre la société, si les autres n'y consentent pas. Aucun d'eux ne peut en souffrir; elle ne nuit qu'au renonçant : *Socius socium a se, non se a socio liberat*. Ce dernier sera obligé de partager le gain qu'il a acquis par sa renonciation, et il supportera seul la perte qu'elle aura pu lui faire éprouver; mais il gardera pour lui ce qui aura pu lui advenir autrement que par la société (L. 65, § 3). Si la renonciation est faite pendant l'absence des autres associés, ceux-ci garderont pour eux tous les profits obtenus depuis ce jour sans concourir aux pertes, à moins qu'ils ne ratifient (L. 65, § 8).

Section IV. — Extinction *ex actione*.

La société est éteinte *ex actione* toutes les fois qu'on a perdu l'*actio pro socio*. Or, cette perte peut se faire par les deux espèces de novations : par la novation volontaire, lorsqu'au contrat consensuel de société on substitue une stipulation; par la novation judiciaire, qui a lieu au moment de la *litis contestatio*, quand le *judicium* est *legitimum*, la formule *in jus concepta* et l'action *in personam*. Pourtant, il faut convenir que la nuance n'est pas bien marquée ; car Paul, dans le fr. 65, range parmi les modes de dissolution *ex actione* l'exercice de l'action *pro socio*, tout en l'appelant lui-même une *renuntiatio*.

CHAPITRE II.

DES BASES DE LA LIQUIDATION.

La société a cessé d'exister, il s'agit de régler les droits de chacun. Avant tout, il faut former une masse, en faisant la balance de l'actif et du passif. Puis chacun des associés rapporte ce qu'il doit, et la société tient compte à chacun de ce qu'elle lui doit, d'après les règles que nous avons examinées ci-dessus. Cela fait, il faut d'abord retrouver le capital social sur lequel ont roulé les opérations de la société : c'est l'ensemble des mises des associés. Mais il est arrivé ceci : ou la société a prospéré et réalisé des bénéfices, alors une partie de ces bénéfices a peut-être été ajoutée au capital pour le grossir et permettre de plus vastes spéculations ; ou la société a fait de mauvaises affaires, et le fonds se trouve diminué du déficit qui en est résulté. Donc trois choses qu'il faut soigneusement distinguer, pour parvenir à une bonne liquidation : les mises, les bénéfices et les pertes. Nous les examinerons dans trois sections différentes.

SECTION I. — *Répartition des mises.*

Une grave question se présente tout d'abord. Chacun doit-il reprendre son apport en nature, ou doit-il seulement en prélever la valeur?

L'apport a pu se faire de deux manières :

L'associé n'a apporté à la société que la jouissance, l'usage de sa chose, et il s'en est réservé la propriété. Dans ce cas, pas de difficulté ; comme tout propriétaire, il supporte les risques et profite des améliorations survenues à la chose; il la reprend telle qu'elle se comporte, si elle existe encore ; mais la question est plus délicate, quand l'associé a entendu abandonner la pleine propriété, d'autant plus qu'il se trouve fort peu de textes sur ce sujet. Qu'arrivera-t-il à la dissolution de la société? Reprendra-t-il la chose telle qu'elle s'y trouve, en reprendra-t-il la valeur? Dans quelle proportion exercera-t-il ces reprises? On peut induire de la loi 58, *pr.*, que dans ce cas, l'associé a droit non plus à sa chose en nature, mais à une valeur représentative de son apport. Nous avons déjà vu que ce texte contient deux espèces différentes : la première est une société formée pour la vente d'un attelage de quatre chevaux, et il est décidé que si l'un des chevaux formant l'apport a péri avant l'arrivée de la condition, la société a manqué de se former : ce n'est pas notre question ; mais la seconde est une société ayant pour objet la formation d'un attelage qui doit rester commun entre deux individus; l'un a fourni un cheval, l'autre en a fourni trois : *id actum dicatur ut quadriga fieret eaque communicaretur*. Chacun a bien apporté la pleine propriété des chevaux, le fonds social se compose de l'attelage. Dans ce cas, si l'un des chevaux, peu importe lequel, même celui de l'associé qui n'en a fourni qu'un seul, vient à périr, il résulte des termes mêmes de ce texte que la perte est à la charge de la société, laquelle n'en subsiste pas moins entre les deux associés, et que ceux-ci conservent toujours leurs droits, l'un pour un quart, l'autre pour les trois quarts (*id actum dicatur ut*)... *tu in ea tres partes haberes, ego quartam, non dubie adhuc socii sumus.* Or, comme ces droits ne peuvent plus porter sur les mises elles-mêmes, puisqu'elles ne se retrouvent plus en nature, force est bien de les exercer proportionnellement à ces mises, sur l'ensemble du fonds social.

Ce qui précède démontre combien il est important de distinguer si les associés ont entendu apporter leur mise en pleine propriété ou en jouissance seulement. Mais sur quelles bases faudra-t-il s'appuyer pour savoir quelle est la nature de l'apport? Nulle difficulté si les parties s'en sont positivement expliquées ; à défaut d'explication précise, il faut recourir à de simples présomptions. Remarquons, en passant, que cette distinction n'a pas d'intérêt, quand il s'agit d'une société *universorum bonorum ;* car, dans cette espèce, l'apport est toujours de la pleine propriété.

Examinons les diverses espèces d'apport :

1° *L'apport consiste en corps certains.*—Quelle doit être la présomption dans ce cas ? C'est que l'apport est de la propriété. La société, nous l'avons vu, offre beaucoup d'analogie avec la vente ; or, quand je vends une chose, je puis la vendre de plusieurs manières ; tantôt j'aurai l'intention d'en aliéner la pleine propriété, tantôt seulement l'usufruit, l'usage, l'habitation. Or, supposons une vente entre deux personnes, sans qu'il ait été ajouté de clause spéciale, quelle sera la présomption? C'est que le vendeur a l'intention d'aliéner la pleine propriété; s'il n'avait voulu vendre que l'usufruit, l'usage, il l'aurait dit expressément. Pourquoi ne pas appliquer ce raisonnement en matière de société, et ne pas dire aussi qu'à défaut d'une mention spéciale ou de circonstances explicatives, c'est la pleine propriété que l'associé a en vue en faisant son apport?

2° *L'apport consiste en une somme d'argent.*—Ici, il n'y a pas de question possible, car l'argent n'a pas d'individualité; l'associé livre donc à ses associés la propriété des écus, mais il acquiert une créance de la somme versée par lui.

3° *L'apport consiste dans des choses fongibles d'espèces diverses.*— Le caractère même de cet apport lui ôte toute individualité, et on peut l'assimiler à celui en argent.

4° *L'un a apporté un corps certain, l'autre son industrie.*—Dans ce cas, il est à présumer que le premier n'a entendu fournir que l'usage. En effet, de droit commun, toutes choses doivent être égales, autant que possible, dans une société; or le second n'a fait que prêter le concours de son talent, tel a été son apport (L. 52, § 2); mais il le reprend à la dissolution de la société; il faut donc que le premier ait aussi le droit de reprendre sa chose; s'il en était autrement, il n'y aurait plus société, mais contrat innommé. Cette distinction ressort clairement de deux espèces placées en regard dans la loi 13, § 1,

Præscr. verb. : 1° un propriétaire abandonne la propriété de son terrain à un architecte pour y construire une maison, sous la condition de partager entre eux la maison quand elle sera construite, il n'y a pas là société; car, dans une société, jamais un associé ne perd totalement son droit de propriété sur l'objet de son apport; 2° un maître confie son esclave à un professeur pour l'instruire, mais en conservant toujours la propriété de cet esclave, et ils conviennent de partager plus tard le prix de la vente de l'esclave. Dans ce cas, il y a bien contrat de société, parce que le maître est resté propriétaire.

5° *L'un a apporté une somme d'argent, l'autre son industrie.*—Le premier, évidemment, communique la propriété de ses deniers, il n'acquiert qu'une créance; mais cette créance est-elle de la somme intégrale, ou bien celui qui a apporté son industrie a-t-il droit de prélever sur le fonds une somme représentative de la valeur de son apport? Cette question a soulevé de vives controverses; mais il faut convenir qu'il est presque impossible de trancher la difficulté d'une manière positive. Nous ne connaissons pas suffisamment les idées des Romains sur l'industrie, et nous ne savons pas jusqu'à quel point ils regardaient les conceptions de l'intelligence comme susceptibles de propriété privée; aussi devons-nous nous en tenir à la solution la plus probable et la plus conforme à l'équité, et penser que l'associé qui a apporté son argent en reprend le principal, comme l'autre reprend son industrie, et qu'ils n'ont voulu mettre en commun, l'un que le produit d'un capital, l'autre que l'application de son talent. Du reste, ce système aboutit à un résultat où les autres doivent forcément conduire. Admettons en effet qu'on doive formuler en argent l'apport d'industrie (Inst., § 2, *h. t.*, et L. 52, § 2, *Dig.*, *h. t.*); l'un aura donc apporté, soit cent en argent, l'autre cent en industrie : total, deux cents. A la fin de la société, on retrouve bien cent en effectif; si on veut que les deux associés partagent également, ils prendront chacun cinquante; mais l'un d'eux se trouvera avoir en plus un capital de cent, valeur estimée de l'industrie; il en devra la moitié ou cinquante qu'il faudra bien payer en argent, car on ne peut supposer le partage entre deux personnes d'un talent intellectuel. Ainsi, quel que soit le mode de calculer, le résultat est le même. Nous concluons de là que le capitaliste n'entend pas renoncer à la somme qu'il apporte; il la reprend donc à la dissolution de la société. Ce qui doit être partagé, ce sont les bénéfices seulement.

SECTION II.— *Répartition des bénéfices.*

Les bénéfices sont définis par la loi 30 de notre titre : *Lucrum intelligitur omni damno deducto.* Nous ajouterons qu'il faut faire la déduction du capital social composé des mises; les bénéfices sont le but que les associés ont en vue en se réunissant : aussi est-il bien important de préciser comment doit s'en faire la répartition.

Nous distinguerons plusieurs cas :

1° *Il n'a pas été fait de convention à ce sujet.*—Dans ce cas, tous les textes sont d'accord pour dire que la distribution des bénéfices doit être faite par parts égales : *Æquas partes esse constat* (L. 29, *h. t.*—Gaïus, III, § 150. — Inst., § 1, *h. t.*). Mais le mot *œquas* a deux sens : il peut s'entendre comme exprimant soit des parts viriles, soit des parts proportionnelles aux mises. Il est généralement admis qu'il s'agit d'une égalité absolue. Cette opinion est corroborée par une foule de textes. En effet, toutes les fois que l'on voit le mot *œquas partes* employé, c'est dans le sens de parts viriles (1). Ainsi, dans la loi 29 de notre titre, si ce mot était entendu dans le sens de parts proportionnelles, le reste de la loi n'aurait plus aucune signification, car, après avoir dit qu'en l'absence de toute convention, les parts doivent être égales (*œquas*), Ulpien se demande si on peut admettre la clause que les parts seront proportionnelles. On objecte le texte des lois 6 et 80 du même titre : *Illud potest conveniens esse viri boni arbitrio, ut non utique ex œquis partibus socii simus : veluti si alter plus operœ, industriœ, gratiœ, pecuniœ in societatem collaturus erat.* La société, dit-on, est un contrat de bonne foi où tout doit être réglé d'après l'équité ; or, l'équité veut que les parts soient proportionnelles quand les apports sont inégaux ; donc, c'est ce règlement qu'il faut adopter en l'absence de conventions. Le raisonnement n'est pas juste ; en effet, l'*arbitrium boni viri* serait fort inutile, si on pouvait naturellement atteindre le même résultat ; et il faut bien admettre que

---

(1) 8. *De rei vindic.* — **2** pr.. 9, § 12, *De hered. inst.* — Inst., *De hered. instit.*, § 6, — 7, § 2, *De rebus dubiis.* — **23**, *Ad senat. Treb.* — 5. § 2, *De solutionib.*

la fixation de parts viriles, était de droit commun, puisque la convention a pour but d'échapper à ce règlement, et autorise l'arbitre à former des parts proportionnelles. Enfin, on peut remarquer en passant que les parts proportionnelles sont désignées par l'expression *non œquas;* ce qui prouve suffisamment que le mot *œquas* ne peut avoir le même sens (V. encore la novelle 103) (1).

2° — *Les parties ont fixé des parts.* — Le principe, c'est la liberté absolue. Nous croyons que deux clauses seulement sont interdites : la société léonine et la société pour des gains et des pertes non définitifs. La première est en effet exclusive de l'idée de société, puisqu'un seul profite du bénéfice (L. 29, § 2) ; la seconde est incompatible avec le principe que *Bona non intelliguntur, nisi deducto œre alieno.* Sauf ces deux exceptions, les parties auront toute latitude dans leurs conventions ; ainsi elles pourront convenir que les parts seront viriles, quoique les mises soient inégales, ou qu'elles seront proportionnelles aux mises. Ceci résulte du texte formel des Institutes, *De societate,* § 1. On a voulu trouver une solution opposée dans le fr. 29, pr., d'Ulpien (*h. t.*). Il paraît en effet subordonner la validité de la convention au cas où l'on aura gardé une exacte proportion entre les mises et les bénéfices. Voici ce qu'il dit : « *Si vero placuerit ut quis duas partes vel tres habeat, alius unam, an valeat? Placet valere : si modo aliquid plus contulit societati, vel pecuniœ, vel operœ, vel cujuscumque alterius*

---

(1) Dans ce sens, Ducauroy, *Inst. expliq.*, § 1, *De soc.*, n° 1064. — Ortolan, *Expl. des Inst.*, § 1, 3, *Pro soc.*

rei causa. » Les partisans de l'égalité personnelle en tirent même un argument en faveur de leur opinion : si les parties, disent-ils, sont forcées de soumettre le partage des bénéfices à la proportion des mises, il faut bien admettre la même proportion quand elles n'ont pas fait de convention. Mais nous n'admettons pas cette conséquence, qu'on tire de la loi 29, et nous n'adoptons pas non plus la correction proposée par un auteur allemand, consistant à lire : *Placet valere, valet et si modo,* ce qui signifierait : Une répartition inégale des bénéfices peut être stipulée, mais elle a lieu aussi sans convention, quand les mises sont inégales. Nous aimons mieux voir dans la phrase : *Si modo aliquid...* un exemple donné par Ulpien, et et non une condition imposée, aussi bien que dans la la loi 6 : *Veluti si alter plus operæ, industriæ, pecuniæ in societatem collaturus sit.* De la sorte, nous respectons le texte des Instituts, qui permet toute convention, sans aucune distinction : *Quod si expressæ fuerint partes, hæ servari debent.*

3° *La fixation a été confiée à l'arbitrage d'un tiers ou de l'un des associés.* — Il faut remarquer des effets différents, suivant que l'arbitre a été désigné personnellement, ou qu'on est simplement convenu d'en nommer un. Dans cette dernière espèce, le juge de l'action *communi dividundo* en tiendra lieu, et il pourra attribuer des parts proportionnelles aux mises, parce qu'il a pour cela un mandat tacite des parties. Que s'il a été désigné spécialement, la convention même des parties soumet l'existence de la société à sa décison ; si donc il meurt avant de l'avoir rendue, la société est annulée (L. 75).

L'arbitre doit prononcer suivant l'équité, *ad boni viri*

arbitrium. Mais sa sentence est-elle attaquable si elle est injuste ? Sans aucun doute elle sera réformée si l'arbitre est un des associés (L. 6). Mais *quid* si c'est un étranger, un ami commun ? Sa sentence devra être aussi conforme à l'équité ; sinon, elle pourra être critiquée, ce qui n'avait pas lieu dans toute sentence arbitrale suivant un compromis. Cela résulte des fr. 76 à 79 de Paul et de Proculus, qui ont été reproduits sans ordre par les compilateurs, mais qui s'accordent tous sur ce point.

SECTION III.—*Répartition des pertes.*

Il s'agit ici des pertes qui doivent être supportées par tous les associés, en un mot, de ce qui figure au passif de la société dans la liquidation. Nous avons déjà vu, en effet, que certaines pertes portant sur les mises restaient à la charge de celui ou de ceux des associés qui avaient fait l'apport, ce qui a lieu toutes les fois que cet apport n'a été fait que *quoad usum* et non pas *quoad sortem*, parce que, dans ce cas, l'associé restant propriétaire, court tous les risques de la propriété. Remarquons cependant qu'il y aura un compte d'indemnités à intervenir toutes les fois que la chose apportée *quoad usum* aura péri par suite même de l'usage qu'en aura fait la société. C'est une conséquence qu'on peut tirer par analogie de la loi 52, § 4, et des règles générales de ce contrat. Si en effet l'associé a droit de répéter les impenses par lui faites et le prix des effets ou valeurs personnelles dont il aurait été privé par suite d'opérations entreprises dans l'intérêt commun, il faut bien admettre qu'il doit être indemnisé de la perte que la société lui a fait subir sur les choses qu'il a mises à son service.

Mais sur qui doit retomber la perte, quand l'apport consiste d'un côté en argent ou choses fongibles, de l'autre en industrie ? Nous avons déjà conclu que, dans ce cas, l'associé capitaliste devait, à la dissolution de la société, reprendre toute la somme qu'il avait apportée, et que les bénéfices seuls étaient partagés. Or, quand il y a partage de bénéfices, il y a partage de pertes (L. 29, *h. t.* — Gaius iii, § 150); si donc les bénéfices forment un ensemble actif dont le capitaliste et l'industriel prennent chacun une portion, la perte doit former un ensemble passif dont l'un et l'autre supportent chacun une part ; ce que nous formulerons en disant que dans ce cas la perte est à la charge de la société.

Il reste donc à établir le mode de répartition des pertes entre les associés. Ici encore nous distinguerons s'il y a ou non convention intervenue à ce sujet.

1° *Il n'y a pas de convention.* La solution est la même que pour les bénéfices : *Si non fuerint partes societati adjectæ, æquas eas esse constat* (L. 29).

2° *Il y a convention.* Pouvons-nous ici, comme pour les bénéfices, poser en principe que toute liberté est laissée aux parties ? Examinons diverses hypothèses. La convention la plus simple est celle qui proportionne la part que chacun supportera dans les pertes à celle qu'il prendra dans les bénéfices ; ainsi celui qui n'aura droit qu'à un quart des bénéfices n'aura à subir qu'un quart des pertes; les chances sont équilibrées : celui qui peut moins gagner peut moins perdre et réciproquement.

Mais que décider si les associés sont convenus que

l'un aura deux tiers dans le gain et un tiers dans la perte, et l'autre deux tiers dans la perte et un tiers dans le gain, en un mot, que la part sera différente dans le gain et dans la perte? D'après Gaius (Com. III, § 149) et Justinien (Inst., *De soc.* § 2), il y aurait eu grande controverse à ce sujet entre Mucius et Servius Sulpicius : *magna autem quœstio fuit.* Mucius déclarait cette clause nulle, comme contraire à l'esprit d'équité qui doit régner entre associés ; Sulpicius, au contraire, admettait la validité d'une pareille convention, parce que les services rendus par l'industrie de certaines personnes sont si précieux qu'ils doivent leur faire obtenir une condition plus avantageuse. Justinien adopte la solution de Sulpicius,

Mais un point qui a fort embarrassé les auteurs, c'est que Paul, dans la loi 30 de notre titre, traitant la même question, semble ne pas faire allusion à cette controverse, et dit au contraire que Mucius et Sulpicius étaient d'accord pour repousser cette solution. Voici ce fragment : *Mucius, lib. 14, scribit non posse societatem coiri ut aliam damni, aliam lucri partem socius ferat. Servius in notatis Mucii ait nec posse societatem ita contrahi.*

Nous n'examinerons pas toutes les conciliations qui ont été tentées entre ces deux textes, surtout par les auteurs allemands ; on a d'abord voulu y voir une erreur matérielle ; ainsi, l'un d'eux lit dans le fr. 30, *hœc*, au lieu de *nec*, ce qui remplace la négation par une affirmation ; un autre substitue *recte* à *nec* ; un autre encore retranche *nec*, etc. ; mais l'autorité du manuscrit de Florence et des Basiliques ne permet pas de supposer un texte incorrect. Quelques-uns s'en prennent à Justinien ou à Servius. Suivant Gluck, Justinien n'a pas compris Servius, et suivant Wissemback, c'est Servius qui n'a pas compris Mucius. Mais nous nous arrêterons à une solution beaucoup plus simple, et qui n'a pas l'inconvénient d'altérer le texte, ni d'accuser les jurisconsultes d'ignorance ou d'étourderie.

Il n'y a nulle contradiction, suivant nous, parce que les hypothèses sont différentes.

Cela ressort de la loi 30 (*in fine*) : *Sed potest coïri societas ita, ut ejus lucri quod reliquum in societate sit, omni damno deducto, pars alia feratur; et ejus damni, quod similiter relinquatur pars alia capiatur.* C'est dans cette phrase qu'il faut placer la véritable solution de la question débattue entre Mucius et Sulpicius, et dont parlent les Instituts; on y trouve en effet, contrairement à l'opinion de Mucius, que les associés peuvent convenir que, lors de la liquidation, ils ne prendront pas la même part dans la perte constatée après la balance établie entre l'actif et le passif qu'ils auraient prise s'il y avait eu bénéfice. Il faut donc nécessairement admettre qu'au commencement de ce fragment Paul visait une autre hypothèse, puisqu'il donne une décision toute contraire. En effet, il examine non plus une convention constitutive de la société, mais un règlement à intervenir lors de la dissolution, et décide que l'un des des associés ne peut avoir une fraction dans les profits et une autre fraction dans les pertes, sans qu'on ait auparavant compensé les profits et les pertes. Sur ce point Mucius et Servius sont d'accord, par suite du principe que *bona non intelliguntur nisi deducto œre alieno.* C'est ce que dit aussi la dernière phrase du § 3 des Instituts: *Quod tamen ita intelligi oportet, ut si in aliqua re lucrum, in aliqua dam-*

num allatum sit, compensatione facta, solum quod supe-
rest intelligatur lucri esse.

On évite donc toute antinomie en rapprochant le commencement du § 2 des Instituts de la fin du *fragment* de
Paul, et la controverse entre Mucius et Servius subsiste.
Au contraire, la premlère partie de cette loi 30 pose un
principe sur lequel ne s'élevait aucun doute entre les
deux jurisconsultes.

Mais Servius alla encore plus loin: il soutint que l'associé privilégié pouvait même prendre part aux bénéfices,
sans contribuer aux pertes: *Et adeo contra Q. Mucii sen-*
tentiam obtinuit, ut illud quoque constiterit posse con-
veniri, ut quis lucri partem ferat, damno non teneatur
(§ 2, Inst., *ibid.*). Ulpien ajoute une condition: *quod ita de-*
mum valebit, si tanti sit opera quanti damnum est (L. 29,
§ 1, *h. t.*); c'est-à-dire que cette clause sera valable si
l'industrie de cet associé est assez précieuse pour légiti-
mer cette prérogative et couvrir le déficit résultant de ce
qu'il ne prend pas part à la perte. Cette décision est ap-
prouvée par Cassius, Sabinus et Ulpien, en sorte qu'il ne
restait d'illicite que la société léonine dans laquelle l'un,
sans concourir aux pertes, aurait pris tous les bénéfices.

QUATRIÈME PARTIE.

Sanctions.

Dans la dernière partie de ce travail, nous allons nous
occuper des actions auxquelles donne lieu le contrat de
société. Après avoir étudié en effet quels sont les droits

des parties, soit pendant la durée de la société, soit après sa dissolution, il nous reste à voir à quelles actions elles pourront recourir pour faire valoir ces droits, en un mot, quelle sanction le droit romain donnait aux différentes règles que nous avons exposées.

CHAPITRE PREMIER.

A QUELLES ACTIONS DONNE LIEU LE CONTRAT DE SOCIÉTÉ, ET SPÉCIALEMENT DE L'ACTION *pro socio*.

En première ligne, il faut placer l'action dérivant du contrat, action unique et de bonne foi, l'action *pro socio*. Nous l'examinerons en détail.

Mais nous avons vu que le contrat de société donnait lieu à un autre effet juridique, l'indivision. L'action *communi dividundo* qui en résulte interviendra pour tous les droits relatifs à la copropriété.

Outre ces deux actions qui sont les principales, une grande quantité de faits accessoires au contrat de société peuvent donner lieu à beaucoup d'autres actions. Nous aurons donc à examiner les conséquences du concours de ces diverses actions.

SECTION Iʳᵉ.— *Ce qu'on obtient par l'actio* pro socio.

Cette action est donnée pour faire exécuter toutes les obligations personnelles résultant de la société. Elle peut donc être intentée, soit pendant, soit après la société.

Il suffit de se reporter à tout ce que nous avons dit sur les divers droits et obligations des associés envers la société, pour savoir dans quels cas on pourra intenter l'action *pro socio, durante societate;* ainsi, réalisation d'apport, remboursement des avances, indemnité pour pertes personnelles, on obtient tout cela par l'action *pro socio.*

C'est encore par l'action *pro socio* qu'on demande la dissolution, qu'on réclame les prélèvements dus à chacun, qu'on fait donner les *procurationes in rem suam*, nécessaires pour opérer les cessions de créance, et les cautions garantissant le payement des dettes à termes ou conditionnelles. En un mot, cette action est la sanction de toutes les obligations personnelles, comme le sont toutes les actions naissant des contrats.

Mais elle offre deux particularités remarquables qui la rendent d'une part plus rigoureuse, et de l'autre plus douce que les autres. La première, c'est le bénéfice de compétence; la seconde, c'est la peine d'infamie encourue par l'associé coupable.

SECTION II. — *Du bénéfice de compétence.*

On appelle ainsi le droit accordé aux associés de ne pouvoir être poursuivis *pro socio* que dans la limite de leurs ressources (LL. 63, *h. t.*, 16 à 25, *De re jud.*).

I.—Ce privilége n'était pas attaché à la qualité d'associé, mais bien à l'action *pro socio* elle-même. Ainsi l'associé n'aurait pu l'opposer à l'action *communi dividundo*

(Inst., § 38, *De act.*). D'un autre côté, il ne peut être invoqué que par l'associé lui-même ; ainsi, ni le père poursuivi par l'action *quod Jussu* pour une société que son fils aurait formée par son ordre, ni le fidéjusseur pour la dette sociale qu'il a garantie, ni même l'héritier de l'associé ne peuvent l'opposer. Toutefois, si le fidéjusseur agissait en qualité de *procurator* de l'associé, comme en réalité c'est l'associé qui est poursuivi, il pourrait opposer le bénéfice de compétence. Dans tous les cas, le préteur ne doit l'accorder que *causa cognita*, et pourvu que l'associé n'ait pas commencé par nier sa qualité pour se soustraire aux poursuites (L. 22, § 1, *De re judic.*).

II.—Le bénéfice de compétence est accordé dans toute espèce de société, soit à titre universel, soit à titre particulier. Mais de nombreuses difficultés s'élèvent là-dessus, à cause de deux textes d'Ulpien qui semblent se contredire. 1° Fr. 63 *pro socio* : *Verum est, quod Sabino videtur, etiam si universorum bonorum socii sunt, sed unius rei, attamen in id, quod facere possunt..... condemnari oportere.* 2° Fr. 16 *De re jud* : *Sunt qui in id quod facere possunt, conveniuntur.... Et quidem hi sunt fere qui pro socio conveniuntur. Socium autem omnium bonorum accipiendum est.* Dans la première loi, Ulpien donne le bénéfice de compétence sans distinguer l'espèce de société, tandis que, dans la seconde, il semble ne l'accorder qu'autant que la société serait *omnium bonorum*.

On a tenté bien des conciliations entre ces deux textes, qui sont si manifestement en désaccord. D'abord on a voulu voir une altération du texte ; des auteurs effacent la glose *socium omnium bonorum* de la loi 16 ; d'autres mettent *etiam* au lieu de *autem* ; d'autres ajoutent *maxime,* etc. Mais la concordance de tous les manuscrits avec celui de Florence et avec les Basiliques ne permet aucune de ces modifications matérielles.

Il vaut mieux chercher à expliquer cette apparente contradiction. Suivant quelques-uns, le bénéfice de compétence ne doit, en règle générale, accompagner que l'action *pro socio* ; mais dans le cas de la *societas universorum bonorum,* il peut être opposé à toute autre action. Cette solution semble trop arbitraire et n'est justifiée par aucun texte. Cujas et Voët complètent les deux textes l'un par l'autre et admettent par conséquent la restriction de la loi 16. Nous préférons l'opinion de Gluck. Il remarque que les deux fragments d'Ulpien sont relatifs à l'édit du préteur : il est possible qu'au temps de ce jurisconsulte le bénéfice de compétence ne fût pas encore universellement admis pour toute espèce de société, tel est le sens de la loi 16 ; mais Ulpien déclare, dans le fr. **63,** qu'il approuve la doctrine de Sabinus qui le généralise. Peut-être même la coupure a-t-elle été mal faite par les compilateurs, et Ulpien n'exposerait-il la première théorie qu'en la critiquant.

III.—Qu'entend-t-on par le *id quod facere socius potest?* Dans quelles limites comprend-on les ressources de celui qui oppose le bénéfice de compétence ? Quant à l'époque, on considérait le moment du jugement (L. 63, § 6), mais enlevait-on à l'associé tout son actif sans déduire ce qu'il devait, ni lui laisser de quoi vivre ? Le bénéfice de compétence se réduisait-il à lui épargner la contrainte par corps ? Avant Justinien, le donateur, outre le bénéfice de compétence, avait un double avantage : pour calculer son actif, on commençait par déduire toutes ses dettes (L. 19, §1 *De re jud.*) et de plus on lui laissait ce qui était nécessaire à sa subsistance, *ne egeat*; le surplus seul entrait dans le *id quod facere potest*. La même faveur n'existait pas pour l'associé ; on ne déduisait en fait de dettes que celles qu'il avait contractées vis-à-vis de la société (L. 63, § 3). Par suite, celui qui intentait l'action *pro socio* ne pouvait prendre pour lui plus qu'il ne trouvait entre les mains de son associé ; mais il absorbait à lui seul tout cet actif, sans avoir à s'occuper des poursuites que son associé pourrait encourir de la part de ses autres créanciers. Ceux-ci avaient donc le droit d'exercer les poursuites dans toute leur rigueur; mais il pouvait arriver que ces créanciers fussent eux-mêmes associés : dans ce cas, comme ils ne trouvaient plus rien chez leur débiteur, puisque le créancier payé le premier avait tout pris, celui-ci, à cause de sa qualité d'associé, était obligé de leur communiquer tout ce qu'il avait reçu de plus qu'eux (L. 19, De *re jud.*). Justinien étendit à tous ceux qui avaient le bénéfice de compétence le droit de garder de quoi vivre, *ne egeat* (L. 123 *De div. reg. jur.*, sans leur accorder la déduction des autres dettes, en sorte que cette disposition est le plus souvent illusoire, car en laissant subsister les autres dettes, la réserve *ne egeat* est absorbée par les autres créanciers ; on ne peut en trouver que des cas d'utilité très-rares; par exemple, si toutes les actions des créanciers étaient accompagnées du bénéfice de compétence, ou encore, si l'associé n'avait pas d'autres créanciers.

IV.—Le bénéfice de compétence ne libérait pas l'associé de ce qu'il devait encore. Il lui épargnait seulement la contrainte par corps, laquelle du reste cessait aussi devant la cession de biens; mais l'action *pro socio* avait épuisé les droits du demandeur, qui ne pouvait faire de réserves, puisque le bénéfice de compétence était une exception insérée dans la *condemnatio*; aussi, pour ne pas perdre définitivement ce qui lui restait dû, le demandeur faisait intervenir une stipulation dans laquelle l'associé promettait d'acquitter toute sa dette aussitôt qu'il le pourrait.

SECT. III. — De la peine d'infamie.

L'infamie était une note sur la personne, qui diminuait la considération d'un citoyen. Elle pouvait avoir lieu de plein droit par suite d'un acte, d'une profession infamante ; mais ici elle résultait du jugement. On la retrouve dans toutes les actions dont la confiance est la base, ainsi dans l'action *tutelæ* ; mais elle ne résulta i pas de toute condamnation prononcée contre l'associé. Il fallait de plus qu'il y eût dol de sa part (Inst., *De pœn. tem. lit.*, § 2 ; L. 1—6, § 6 *De his qui not. inf.*). Ainsi, tout individu condamné pour dol, par suite de l'action *pro socio* intentée contre lui, était noté d'infamie.

CHAPITRE II.

CONCOURS DE L'ACTION *pro socio* AVEC LES AUTRES ACTIONS DÉRIVANT DE CE CONTRAT.

Nous avons vu que le contrat de société donnait lieu à plusieurs actions, outre l'action *pro socio*. Il peut donc arriver ceci : ou qu'elles concourent entre elles électivement, c'est-à-dire, l'une excluant l'autre, ou qu'elles concourent cumulativement, c'est-à-dire sans se nuire. Nous diviserons ces actions en deux classes : en actions *rei persecutoriæ* et en actions *pœnæ persecutoriæ*.

SECT. I. —*Actions rei persecutoriæ.*

1°.—Action *communi dividundo*. Quand la copropriété est un résultat de la société, l'état d'indivision qu'elle entraîne ne peut prendre fin que par l'action *communi dividundo*. Ajoutons que certaines choses ne peuvent être obtenues que par l'action *pro socio*, que d'autres ne peuvent être obtenues que par l'action *communi dividundo*, et que pour d'autres enfin ces deux actions peuvent être indifféremment employées. Dans les deux premiers cas donc il n'est pas question de l'exclusion de l'une par l'autre, puisque chacune a un but différent (L. 43, *h. t.*); quand au contraire elles se rencontrent, l'une exclut l'autre, en ce sens que ce qu'on a obtenu par l'une on ne l'obtient plus par l'autre, à moins qu'on ne puisse obtenir davantage (L. 38 § 1).

L'action *communi dividundo* a un caractère spécial : elle est mixte. On sait que les opinions sont fort partagées sur le sens de cette qualification; nous n'essayerons pas de discuter tous les systèmes et nous entendrons ce mot dans le sens le plus généralement adopté, comme signifiant que cette action comprend à la fois des adjudications et des condamnations personnelles. C'est ce dernier caractère qui domine, et si la translation de propriété peut avoir lieu par suite de ces adjudications, on ne peut pourtant pas dire que l'action *communi dividundo* soit à proprement parler réelle, car l'*intentio* en était toujours conçue *in personam* (L. 25, § 10, *Famil. ercisc.*). L'action *pro socio*, au contraire, est purement personnelle. Il résulte de là quelques différences : lorsqu'il s'agit de partager le fonds commun, comme ce partage entraîne des adjudications, on ne peut intenter que l'action *communi dividundo*; quant aux créances, elles ne sont pas choses communes : il ne s'agit pas de les partager, mais bien d'en obtenir le bénéfice par les *procurationes in rem suam*, et ce but ne peut être atteint que par l'action *pro socio* seule (L. 43). Voilà le cas où le concours a lieu cumulativement. Mais si nous supposons que l'une des parties veuille obtenir le remboursement des dépenses faites par elle pour les autres, ou l'attribution de fruits qu'elle n'aurait pas perçus, comme l'action *communi dividundo* peut embrasser ce genre de prestations personnelles aussi bien que l'action *pro socio*, ces deux actions, dans ce cas, pourront se rencontrer et s'exclure (L. 38, § 1), mais elles conserveront chacune leur caractère propre : ainsi, le bénéfice de compétence et la peine d'infamie ne suivront que l'action *pro socio*.

2°.—Actions *ex stipulatu*. Il ne s'agit pas du cas où l'on fait novation par une stipulation pour la substituer au contrat même de société, car alors il ne resterait plus que l'action *ex stipulatu*; mais quelquefois on peut faire intervenir une stipulation, soit pour faire quelque addition, soit pour corroborer le contrat par une clause pénale (L. 71). Dans ce cas, il y a option à faire entre l'action *pro socio* et l'action *ex stipulatu* ; ce qu'on a obtenu par l'une, on ne peut plus l'obtenir par l'autre, mais il n'en résulte pas que l'une exclue l'autre. Si donc l'une ayant été intentée la première, on obtient une condamnation, et que par l'autre on puisse obtenir quelque chose de plus, on n'a pas perdu le droit de demander cet excédant par l'action qu'on avait négligée (L. 43, *h. t.* par analogie).

3°.—Action *venditi.* Le concours de l'action *pro socio* avec l'action *venditi* peut paraître assez extraordinaire; mais il résulte de la loi 69 de notre titre. Ce fragment, placé par les interprètes au nombre des *septem leges cruciatæ*, a donné lieu à bien des commentaires, et on a établi de nombreux systèmes dans le but seulement d'établir l'espèce qu'il contient. Voici ce texte : *Cum societas ad emendum coïretur, et conveniret, ut unus reliquis* nundinas, id est epulas, *præstaret, eosque a negotio dimitteret, si eas eis non solverit, et* pro socio, *et* ex vendito *cum eo agendum est.*

Nous écartons d'abord les corrections matérielles qui ont été proposées. Tous les manuscrits sont d'accord : c'est dans ce texte, tel qu'il est, qu'il faut chercher le sens de la loi. Voici, à notre avis, ce qu'on pourrait dire à ce sujet : Le fragment d'Ulpien fait évidemment allusion à quelque usage commercial ou industriel que nous ne connaissons pas, et il est difficile de fonder une théorie certaine sur quelques mots rapportés par un compilateur et séparés du contexte. On en est forcément réduit à des hypothèses. Ne pourrait-on pas voir là les traces d'une combinaison économique dont l'idée est en application dans certaines villes de France ? Nous supposerons que plusieurs individus veulent tirer parti des avantages économiques de la vie en commun; ils se réunissent donc pour prendre leurs repas; l'un d'eux se charge d'acheter les denrées, c'est lui qui devra les préparer et les revendre à ses associés. Tous les éléments de la société se trouvent réunis; il y a apport réciproque d'argent, et bénéfices communs résultant de la différence de prix qui existe entre les denrées achetées en gros et celles que chacun achèterait en détail. Voilà pour l'action *pro socio;* elle accompagne naturellement le contrat de société.

Quant à l'action *venditi*, voici comment elle pourra venir; dans notre espèce nous avons supposé qu'il a été joint au contrat de société une convention, un pacte en vertu duquel un des associés prenant à ses risques les denrées achetées à meilleur compte, devient en même temps fournisseur en seconde main et à prix réduit, des aliments préparés par lui, et dispense les associés du soin de s'en occuper eux-mêmes : *unus reliquis nundinas, id est epulas præs taret, eosque a negotio dimitteret.* Il est donc obligé, en vertu du contrat de société, comme associé, et en vertu du pacte adjoint, comme vendeur; que s'il manque à son obligation de fournir les aliments, les autres auront contre lui l'action *pro socio* et l'action *venditi* pour le forcer à l'exécuter. Cette théorie n'a rien d'extraordinaire; elle est en harmonie avec le texte, puisqu'elle admet le concours des deux actions: elle n'est nullement contraire au droit commun sur les *pacta adjecta;* enfin, on comprend qu'il y ait dans ce cas deux actions, d'abord parce qu'elles résultent chacune d'un fait juridique distinct; ensuite, parce que l'une procure peut-être un avantage plus grand que l'autre; soit, par exemple, si le pacte contient quelque clause favorable aux associés, qui n'était pas insérée dans le contrat même.

4° *Condictio furtiva*. Le vol donne lieu à deux actions *rei persequendæ* : la *rei vindicatio*, quand la chose est encore aux mains du voleur, pour la faire restituer en nature; la *condictio furtiva*; quand elle n'y est plus, action personnelle pour en obtenir la valeur. Lors donc que l'un des associés est l'auteur du vol, ses coassociés ont contre lui d'abord l'action réelle, s'il est détenteur; sinon, deux actions personnelles : l'action *pro socio* et la *condictio furtiva*, actions qui ne s'excluent pas, dans ce sens que par l'une on peut se faire payer ce qu'on n'a pas obtenu par l'autre (L. 47, *h. t.*).

5° *Condictio ex lege*. Les *condictiones* sont les actions personnelles dérivant de la sanction donnée par les constitutions impériales à tous les pactes non revêtus d'actions par le droit civil ou le droit prétorien, tels que la donation, tels encore que l'espèce particulière de la loi 52, § 10 *pro soc.* Il y aura donc concours de ces *condictiones ex lege* avec l'action *pro socio,* toutes les fois qu'un de ces pactes se trouvera joint au contrat de société.

SECTION II. — *Actions pœnæ persequendæ.*

Lorsqu'un des associés a commis contre les autres quelque délit, ceux-ci ont contre lui les actions pénales résultant de ce délit. Il s'agit de savoir dans quel cas ces actions pénales peuvent se cumuler avec l'action *pro socio* ou bien l'exclure. Suivant les principes du droit romain, les actions pénales sont bilatérales ou unilatérales : elles sont bilatérales, quand il y a à la fois appau-

vrissement du défendeur et enrichissement du demandeur, c'est-à-dire que le défendeur peut se faire indemniser du tort qui lui a été fait, et, en outre, demander
quelque chose de plus à titre de peine : c'est ce qui a
lieu dans le cas de vol. Lorsqu'un associé est coupable
de *furtum* envers un de ses associés, celui-ci a d'abord
l'action *pro socio,* comme nous l'avons vu, pour se faire
restituer la chose ou sa valeur ; il a, de plus, l'action
furti, pœnœ persecutoria, qui est au double ou au qua
druple ; dans ce cas il y a cumul (L. 45, *h. t.*).

Mais il est une autre espèce d'actions pénales bilatérales qu'on appelle *mixtes* (Inst., liv. IV, tit. VI, § 19),
telles que l'action *vi bonorum raptorum* et l'action *ex
lege Aquilia.* Ici, le demandeur s'enrichit encore aux dé-
pens du défendeur, mais il poursuit par la même action
et la chose et la peine. Dans ce cas, l'action *pro socio* et
l'action pénale concourent bien ensemble ; mais, une
fois l'action *pro socio* intentée, on ne peut plus obtenir
par l'action pénale que l'excédant de la peine sur la
chose elle-même. Exemple : l'associé a tué l'esclave de
son associé ; c'est le premier chef de la loi *Aquilia,* et,
en vertu de cette loi, l'associé lésé a droit à la plus haute
valeur que cet esclave avait dans l'année ; si donc, par
l'action *pro socio,* il obtient la valeur de l'esclave au moment du délit, il pourra encore intenter l'action *ex lege
Aquilia,* mais il n'obtiendra que la plus value (L. 47, 48
et 49, *h. t.*).

Les actions pénales sont *unilatérales* lorsqu'elles doivent appauvrir le défendeur sans enrichir le demandeur,
c'est-à-dire rétablir ce dernier dans l'intégrité de son
patrimoine ; c'est ce qui a lieu dans le cas de la loi *Aqui-*

lia que nous venons de voir, si l'esclave tué n'a pas eu dans l'année une plus grande valeur et que le défendeur ne soit pas coupable de dénégation. Dans ce cas, le demandeur obtient la même chose, et par l'action *pro socio* et par l'action pénale ; par suite, l'une exclut l'autre.

Remarquons, en terminant, que ces actions pénales unilatérales ne sont données contre les héritiers de l'associé délinquant que *quatenus locupletiores facti sunt*. Il vaut donc mieux intenter contre eux l'action *pro socio*, car celle-ci donne droit à une réparation intégrale du préjudice causé.

TABLE DES MATIÈRES.

DROIT FRANÇAIS.

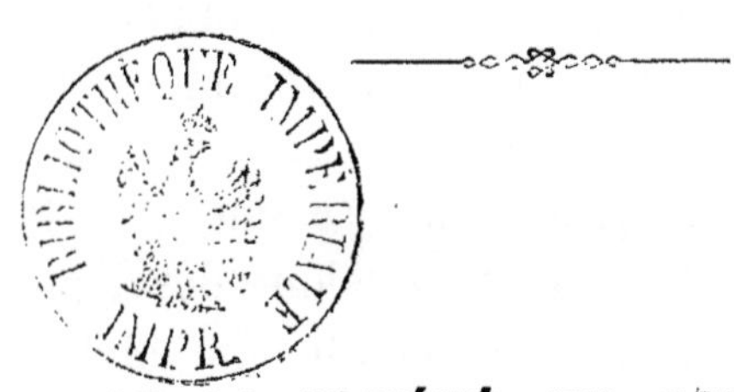

DE LA SOCIÉTÉ EN COMMANDITE.

La société en commandite est une de ces nombreuses institutions auxquelles il est impossible d'assigner une origine certaine. La loi ne vient qu'après l'usage, pour le régler et le sanctionner; mais l'usage lui-même ne s'établit qu'à la longue, il se forme d'éléments divers : ce sont d'abord des faits isolés, des pratiques empruntées à des institutions préexistantes. Puis, les faits semblables se multiplient, les diverses analogies se rapprochent, et, peu à peu, finissent par se formuler en un tout homogène. Aussi, sans vouloir approfondir l'étude historique du contrat spécial que nous avons entrepris d'étudier, croyons-nous utile d'en rechercher les traces dans la législation romaine et dans notre ancien droit, avant d'en suivre les développements dans notre droit moderne.

127.

1

I

Il est incontestable qu'on pourrait, avec quelque subtilité, trouver en droit romain des combinaisons offrant de l'analogie avec la société en commandite. Ainsi, on admettait qu'un des associés pouvait prendre une part illimitée aux bénéfices sans contribuer aux pertes (1) : on aurait donc pu convenir qu'il prendrait une part illimitée aux bénéfices et une part limitée aux pertes. Ce qu'il y a de certain, c'est qu'à Rome, comme chez tous les peuples dont la fortune a pris quelque développement, on retrouve l'idée de la commandite. En effet, un des motifs qui explique le mieux ce contrat, c'est qu'il permet à des personnes étrangères au commerce de s'intéresser aux grandes opérations qui ne sont possibles qu'aux seules sociétés, sans compromettre leur nom et leur fortune, ou du moins, pour cette dernière, sans la compromettre gravement. Cette idée, à Rome, avait des applications considérables. Combien de monuments ne nous montrent-ils pas le patricien se servant de son esclave pour faire un commerce auquel il eût rougi de se livrer personnellement! Il ne compromettait ainsi que le pécule qu'il confiait à son esclave. Imaginez maintenant l'esclave faisant partie d'une société; supposez, si vous voulez, que le propriétaire n'ait confié de pécule à l'esclave qu'en vue même de cette société, n'aurez-vous pas alors un vrai bailleur de fonds qui n'est compromis

---

(1) L. 29, Dig., *Pro socio.*

par les opérations sociales que jusqu'à concurrence d'une part déterminée et limitée de sa fortune. Imaginez que cette idée, dans son application, ait encore été mise en pratique par les peuples commerçants du littoral, et, par une tradition constante, vous pourrez rattacher d'une façon plus nette la théorie de la commandite au droit romain.

Mais ce sont là des conjectures probables, et malheureusement les faits nous manquent pour prouver cette filiation commune.

II

Après la chute de l'empire romain, le commerce reçut une funeste atteinte des invasions des barbares et des mœurs belliqueuses de la féodalité ; pendant les premiers siècles de notre histoire, il en est peu question à l'intérieur ; il se maintenait seulement, et encore à grand'peine, dans les ports de la Méditerranée ; aussi est-il impossible de rencontrer des vestiges certains de la commandite à cette époque. Les premières applications de ce qu'on appelait la *commande* se rattachent plutôt au *nauticum fœnus* des Romains, qui devint notre prêt à la grosse aventure (1). On remit à un marchand forain, à un marin, des marchandises, en les chargeant de les vendre, soit dans les foires, soit à l'étranger (2). Peu à

---

(1) Ce contrat était fréquent à Rome ; il contenait l'idée qui devint la base de la commandite, de ne s'engager dans une entreprise que pour une somme déterminée.

(2) M. Troplong.

peu, ce contrat se modifia; on engagea de l'argent qu'on confia à l'industrie d'un tiers avec qui on s'associait pour le partage des bénéfices; la véritable commandite prenait naissance, tandis que le prêt de marchandises en nature subsista sous son nom de contrat à la grosse aventure. Deux faits surtout donnèrent de l'extension à cette association de capitaux : la prohibition canonique du prêt à intérêt, faite dans le but de protéger les indigents et en haine des usuriers, et les idées aristocratiques de la noblesse française, qui ne voulait pas déroger en faisant le commerce. Sous le voile de la commandite, les nobles pouvaient, sans encourir la désapprobation de l'Église ni ternir leur blason, augmenter à la fois leur bien-être et leur puissance. C'est en Italie surtout, dans les florissantes républiques de Venise et de Gênes, que la commandite prit l'extension la plus prompte et la plus brillante. Facilitées par les relations nées des croisades, les communications s'établirent entre l'Orient et l'Occident; de nombreux comptoirs furent fondés à Jérusalem, à Constantinople, à Chypre; et, à partir de cette époque, c'est à la commandite que le commerce maritime dut son éclat et sa fécondité.

Mais toutes ces sociétés étaient plutôt réglées par l'usage que par les lois; aussi bien que le commerce, elles existaient plutôt de fait que de droit, ce qui fait que leur nature n'était pas parfaitement spécifiée. De plus, dans le principe, nulles formalités n'étaient nécessaires; la parole des contractants, les mentions portées sur les livres de commerce étaient tenues pour preuves suffisantes. Quelquefois, cependant, on rédigeait des actes sous seing privé, et, pour les clauses intéressant les tiers, on donnait une certaine publicité. Mais bientôt les ordonnances royales s'occupèrent de cette importante branche de législation.

Les principaux monuments qui nous en restent sont l'ordonnance de Blois (1579), qui les soumet à un certain enregistrement; puis l'ordonnance de janvier 1627, qui tomba en défaveur sous le nom de Code Michaud; enfin, la grande ordonnance sur le commerce de 1673.

C'est dans cette ordonnance que la société en commandite commence à avoir une existence propre et à former une espèce particulière d'association. Il est porté dans l'art. 8 que les commanditaires ne seront associés que jusqu'à concurrence de leur part, et l'art. 1er assujettit la commandite à la rédaction d'un acte écrit, aussi bien que la société générale.

La révolution, avant de produire une refonte générale de la législation, commença par détruire tout ce qui existait. La Convention, dans plusieurs décrets (17 vendémiaire et 29 germinal an II), supprima, d'un coup, toutes les grande compagnies financières. Heureusement, ce régime ne dura pas longtemps; la loi du 30 brumaire an IV rétablit les choses dans leur état. Enfin, le Code civil et le Code de commerce fondèrent la législation actuelle sur les sociétés, et, en particulier, sur la commandite.

III

Mais, en 1807, le commerce et l'industrie étaient loin de l'immense développement qu'ils ont pris de nos jours. « Alors l'esprit d'association bégayait à peine quelques projets sans portée (1). » Aussi, ne faut-il pas s'étonner de voir le Code de commerce si incomplet sur la matière des sociétés, et, en particulier, sur la commandite. Depuis, les besoins allant en augmentant, l'usage et la jurisprudence fondèrent presque le droit; mais il est toujours fâcheux que la loi écrite ne soit pas en harmonie avec les nécessités communes. On le comprit d'une manière plus sensible à deux époques célèbres dans l'histoire du commerce, où la fièvre industrielle sembla s'emparer plus violemment des esprits. La période de 1836 à 1838 fut une véritable calamité pour l'industrie française, à cause des sinistres qui répandirent la consternation dans tout le monde financier. La fraude et la cupidité, profitant de l'inexpérience de la foule, s'étaient, en effet, emparées de cette arme féconde de la commandite, appelée à de si grands résultats, mais qui devenait entre leurs mains la ruine des capitalistes. Alors on vit surgir des affaires sans consistance et sans avenir, telles que la Société des asphaltes unis et coloriés; des mines sans valeur, des sucreries indigènes, établies sur des bases déraisonnables, des associations pour des bateaux hors de service. L'illusion fut éblouissante, mais de courte durée; les brillantes espérances des actionnaires se changèrent tout à coup en cruelles déceptions, et le mal fut si grand, que le gouvernement voulut frapper un grand coup, et présenta à la Chambre un projet pour la suppression radicale de la société en commandite. C'était aller trop loin. Comme toutes les mesures excessives, ce projet n'abou-

---

(1) Discours de M. Blanche, à l'audience de rentrée de la cour de Cassation, du 4 nov. 1861.

tit pas, et même on en resta là; en sorte que, pendant près de vingt ans, la législation demeura dans le même état.

Peu à peu l'impression produite par les désastres de 1838 finit par s'effacer, et un autre accès d'effervescence financière bien autrement considérable se produisit de 1852 à 1856. Ce ne sont plus des entreprises de quelques centaines de mille francs ou de quelques millions, comme en 1838, qui ont inondé le marché : c'est par milliards que l'on doit calculer l'importance des affaires créées pendant ces années qui semblent un rêve, tant elles diffèrent de ce qui les a précédées et de ce qui les a suivies (1). »

Sans doute on ne peut nier que ces entreprises colossales n'aient enrichi la France et n'aient augmenté son influence dans toute l'Europe, par suite des nombreux travaux entrepris dans les autres Etats par des compagnies françaises. On était loin de l'année 1845, où la France, pour former les compagnies qui soumissionnaient les chemins de fer, avait dû recourir aux capitaux anglais. C'était aux richesses de la France, au contraire, que l'étranger venait emprunter les éléments de la civilisation ; l'Angleterre voyait échapper de ses mains son antique prépondérance. Des chemins de fer, des canaux, des travaux gigantesques étaient ouverts de toutes parts sous la direction des ingénieurs français, et tous ces résultats étaient dus, il faut bien le reconnaître, à la société en commandite : car on ne comprendrait pas que des sociétés purement industrielles eussent pu, en dehors

____

(1) Rapport du cons. de gérance à la Caisse des Chemins de fer. 1860.

de toute influence financière, se livrer à de si vastes entreprises de travaux publics.

Mais, à côté de ces avantages incontestables, à côté de ces faits si favorables à la prospérité universelle, se présentaient d'immenses abus : les leçons de l'expérience n'avaient pas suffi pour empêcher la fraude et la spéculation téméraires de tromper encore les capitalistes et de les entraîner dans de désastreuses entreprises. Tantôt des spéculateurs faisant grand bruit d'une prétendue découverte, se la faisaient payer fort cher et se retiraient avec de beaux bénéfices, laissant derrière eux les souscripteurs déçus et ruinés ; ou bien ils commençaient les opérations avant d'avoir réuni un capital suffisant pour en assurer le succès. L'action surtout était une arme perfide entre les mains de la fraude ; elle se présentait sous les formes séduisantes d'un placement facile et avantageux ; réduite à des proportions fort minimes, elle s'adressait aux petites bourses, comme des billets de loterie. L'agiotage aussi profitait des hausses et des baisses auxquelles elle est sujette, pour en faire un véritable jeu de hasard. Le besoin d'une loi mettant un terme à tous ces abus, se faisait sentir de la manière la plus urgente. Cette réforme si nécessaire fut enfin formulée dans la loi du 17-23 juillet 1856. C'est le dernier monument législatif qui s'occupe spécialement de la société en commandite.

<h2 style="text-align:center">IV.</h2>

Avant d'entrer dans l'étude de notre législation, il ne serait peut-être pas inutile de jeter un coup d'œil sur ce qui se passait en même temps dans un pays voisin, où, malgré le grand essor pris par le commerce et l'industrie, la société en commandite était inconnue dans la législation. Ce n'est que le 14 juillet 1856, quelques jours avant la promulgation de notre loi, qu'on voit apparaître dans la loi anglaise une forme de société qui offre quelque analogie avec notre commandite; encore verrons-nous que ce n'est qu'une analogie bien éloignée.

Cet acte important est connu sous la dénomination de : *The joint stock companies act.* Il apportait une grande innovation, et rompait avec la législation antérieure, dont on avait reconnu les inconvénients. On sait que la loi anglaise, surtout en matière de commerce, est toute de pratique et de jurisprudence; ce n'est qu'à la longue, à force d'essais, d'expériences, que le législateur se décide à statuer; il n'innove jamais, il veut seulement consacrer et régler ce qui existe; eaussi, avant ce bill de 1856, la convention des parties était la base de toute association. Il n'y avait que deux sortes de sociétés : les sociétés libres, formées entre les particuliers (*partnerships*) et les sociétés autorisées (*trading corporations*); ces dernières, qu'on peut à peu près comparer à nos sociétés anonymes, étaient des associations de capitaux plutôt que d'individus : c'étaient des personnes morales avec leurs mandataires, leurs priviléges dérivant de la protection du gouvernement. Mais l'autorisation s'achetait fort cher; aussi n'était-elle praticable que pour les vastes entreprises qui se livraient à de grandes opérations financières ou commerciales. L'acte du 14 juillet 1856 les laisse subsister, ainsi que les *partnerships;* seulement, il règle la constitution de ces derniers; il en fait une nouvelle société, sous le nom de *Joint stock company*. Au-dessus de sept personnes, ces associations peuvent être incorporées. Le bill leur accorde beaucoup des droits dont jouissaient seules les *corporations;* il en règle l'administration, il s'occupe de l'émission des actions. Ces *joint stock companies* (sociétés de capitaux unis) ont quelque analogie avec notre société en commandite, en ce qu'elles permettent de mettre des fonds dans les opérations commerciales, sans risquer au delà de sa mise. Mais les deux éléments différents de la garantie limitée et illimitée ne s'y trouvent jamais réunis. Quand on entend fonder une société à garantie limitée, cette restriction est considérée comme n'intéressant que les tiers; aussi suffit-il de la porter à leur connaissance par le mot *limited*, ajouté à la suite du nom de la compagnie. On peut donc dire, à proprement parler, que les Anglais n'ont pas de société en commandite, car ce qui caractérise ce contrat, c'est précisément la combinaison des deux éléments différents de responsabilité.

On peut se demander comment il se fait que l'Angleterre, dont le commerce est si étendu, ne connaisse pas la commandite, ce puissant instrument de l'industrie qui a produit de si grands résultats en Italie et en France. Peut-être faudrait-il remonter, pour résoudre cette question, aux institutions sociales de la nation elle-même. En Angleterre, il y a deux puissances : la noblesse et la bourgeoisie. La noblesse est exclusivement propriétaire de tout le territoire : c'est là et dans les fonds consolidés qu'est assise sa richesse; elle est donc totalement en dehors du commerce, et n'a nul besoin d'y recourir. La bourgoisie au contraire n'a que des capitaux ; comme toutes les terres à peu près sont substituées et inaliénables entre les mains de l'aristocratie, les commerçants ne peuvent réaliser leur argent en biens immobiliers ; aussi sont-ils obligés de remettre continuellement leurs fonds dans le commerce, ce qui explique les fortunes colossales des commerçants anglais. Mais on comprend aussi pourquoi la commandite, telle que nous la connaissons, n'est pas pratiquée en Angleterre ; à quoi servirait en effet une combinaison qui permet de confier des capitaux au commerce, sans y prendre une part active, dans un pays où les commerçants sont les seuls qui placent leur argent de la sorte ?

De là on peut conclure que des différences aussi considérables dans les deux législations ne permettent que quelques analogies, mais excluent une comparaison suivie.

Nous allons maintenant aborder l'examen de la législation actuelle sur la société en commandite en France.

PREMIÈRE PARTIE.

Généralités.

CHAPITRE I.

DE L'ESSENCE DE LA SOCIÉTÉ EN COMMANDITE.

Le Code de commerce distingue trois sortes de sociétés : la société en nom collectif, qui est proprement une association de personnes ; la société anonyme, où les capitaux seuls sont engagés; et la sociélé en commandite, qui tient de l'une et de l'autre, et présente un caractère mixte qui la distingue des deux précédentes.

La société en nom collectif est le type primitif de l'association. C'est là en effet que les divers individus forment une alliance personnelle qui puise dans les ressources de chacun une grande puissance de crédit, basée sur les garanties que les tiers trouvent dans la fortune personnelle de tous les associés. Mais ces avantages sont balancés par de nombreux inconvénients. Il est bien rare de trouver réunies toutes les conditions nécessaires à ce genre d'association, capacités suffisantes chez tous les membres qui la composent, confiance et sympathie mutuelles, indispensables pour garantir contre les dangers de la solidarité et contre les froissements continuels occasionnés par des rapports communs. Enfin, cette espèce de société n'est accessible qu'aux commerçants; elle a donc le défaut d'être trop exclusive.

La société anonyme ne présente pas les mêmes inconvénients. Le capital social seul est le gage des tiers. Nul n'est responsable des engagements sociaux que jusqu'à concurrence de sa mise, et le gérant lui-même n'est qu'un mandataire. Mais, d'un autre côté, les capitalistes ne trouvent pas la même sécurité dans une gestion confiée à un simple mandataire, qui n'est pas personnellement responsable vis-à-vis des tiers, et qui, la plupart du temps, n'est pas même intéressé pécuniairement. De plus, ces espèces de sociétés sont soumises à de nombreuses formalités qui ont pour résultat de retarder d'une manière fâcheuse les commencements des opérations, et plus tard, d'entraver la liberté de la gestion.

Aussi, ne sont-elles applicables qu'aux grandes entreprises d'utilité publique, et ne conviennent-elles pas aux opérations ordinaires du commerce.

On a donc formé une autre combinaison qui réunit les avantages des deux espèces précédentes, sans en offrir les inconvénients. « La société en commandite se contracte entre un ou plusieurs associés responsables et solidaires, et un ou plusieurs associés simples bailleurs de fonds, que l'on nomme commanditaires ou associés en commandite. Elle est régie sous un nom social qui doit être nécessairement celui d'un ou de plusieurs associés responsables et solidaires. Lorsqu'il y a plusieurs associés solidaires et en nom, soit que tous gèrent ensemble, soit qu'un ou plusieurs gèrent pour tous, la société est à la fois société en nom collectif à leur égard, et société en commandite à l'égard des simples bailleurs de fonds. » (Art. 23 et 24 c. com.) D'une part, responsabilité personnelle et solidarité à l'égard des tiers, tel est le point de contact avec la société en nom collectif; d'autre part, irresponsabilité personnelle, et simple risque de la mise, telle est l'analogie avec la société anonyme. Le caractère particulier de la commandite est donç l'alliance de deux principes opposés, qui présentent aux tiers la double garantie résultant de la solvabilité des associés en nom, et du capital fourni par les bailleurs de fonds.

On comprend, d'après cela, tous les avantages que réunit cette combinaison; en la faisant ressortir, il sera facile de montrer qu'elle écarte tous les inconvénients que nous avons fait ressortir, en parlant des deux autres. Une première série d'avantages se rattache à la responsabilité des associés en nom; en effet, les tiers trouvent dans la solvabilité connue de ces derniers la même garantie qui fait la force des sociétés en nom collectif; quant aux associés eux-mêmes, ils puisent leur propre sécurité dans cette circonstance que les gérants sont eux-mêmes intéressés personnellement à la prospérité de l'entreprise. D'autres avantages résultent de l'impersonnalité des simples bailleurs de fonds. Tous les capitalistes ne peuvent pas placer leur fortune dans le commerce proprement dit. Les uns exercent des fonctions incompatibles avec la qualité de commerçants; d'autres ne se reconnaissent pas l'aptitude spéciale et nécessaire; des commerçants même déjà exposés aux chances de la fortune dans leurs propres entreprises ont peut-être des fonds à placer sans vouloir engager davantage leur crédit ou leur solvabilité; tous trouveront dans la qualité de commanditaires le moyen de faire fructifier leur argent sans craindre de perdre plus que ce qu'ils voudront risquer; en un mot, cette alliance de l'industrie, du crédit et des capitaux offrira à tous des chances illimitées de gain et des chances limitées de perte. Enfin, on a pu appliquer à la société en commandite le système de division en actions au porteur, de telle sorte que les intérêts dans les plus grandes entreprises deviennent une sorte de monnaie courante qui facilite la transmission des droits d'associé, et les met à la portée de tous. On peut conclure de ce qui précède, que la commandite est la forme la plus complète sous laquelle puisse se fonder l'association.

Tels sont en peu de mots les avantages que présente pour les capitalistes et les industriels ce genre de société, et on comprend pourquoi une pareille institution a pris un si remarquable développement. Sans doute, elle offre encore de nombreux dangers ; elle présente de grandes difficultés d'application à cause de deux principes qui se combattent et qui pourtant doivent se combiner : le droit, pour les commanditaires, de surveiller les gérants, et l'obligation de s'abstenir de tout acte de gestion qui pourrait tromper les tiers sur leur véritable qualité dans la société. Nous verrons la loi et la jurisprudence tendant toujours à protéger à la fois les tiers et les commanditaires.

Deux autres difficultés peuvent encore s'élever sur la nature de la société en commandite et sur la qualité des personnes qui y figurent. On se demandera d'abord : telle convention constitue-t-elle une société en commandite? Ensuite, quel est le rôle de tel individu; est-il gérant ou commanditaire, ou simple prêteur de fonds non associé?

La première question se résout d'ordinaire d'après les termes du contrat : 1° le contrat a été qualifié de commandite. Alors la présomption est-dans ce sens, à moins qu'il n'existe en fait quelque clause incompatible avec cette qualification. Par exemple, s'il a été convenu que le prétendu commanditaire pourra faire des actes qui constituent une immixtion, ou encore si on a dit que les commanditaires seraient tenus au delà de leur mise. Le fond doit prévaloir sur la forme, etc. C'est le devoir des tribunaux de rendre à la convention son nom et ses effets, pour préserver les tiers du dommage qu'on veut leur faire éprouver (1); 2° le contrat n'est aucunement qualifié, mais l'acte de société renferme des clauses

____

(1) M. Delangle, n° 271.

telles que la volonté de fonder une société en commandite est manifeste; dans ce cas, la société doit être appréciée suivant l'intention des parties.

Quant à la qualité même des personnes qui figurent dans l'acte, la présomption du droit commun, c'est que tous sont responsables des engagements de la société et tenus de contribuer aux pertes en proportion de leur vocation aux bénéfices. La qualité de commanditaire, qui restreint la responsabilité à la mise, est donc une exception qui doit être prouvée par celui qui l'invoque. Toutefois, il n'y a pas à cet égard de termes sacramentels; il suffit que l'intention des parties ressorte clairement, soit de la qualification même qui a été donnée dans l'acte, soit de clauses équivalentes, par exemple, s'il a été convenu que l'un des associés ne prendrait pas part à l'administration et qu'il ne serait pas tenu au delà de sa mise (1). Enfin, il peut arriver qu'une personne qui apparaît comme commanditaire ne veuille être et ne soit en réalité qu'un bailleur de fonds, et non un associé; ce sera toujours une question de fait que les juges détermineront d'après les circonstances; et pourvu que ces bailleurs de fonds ne prennent pas part aux bénéfices, on les fera figurer dans la liquidation comme créanciers, sauf aux tiers qui ont été trompés à se pourvoir en dommages-intérêts par l'action civile.

----

(1) M. Delangle, n° 275.

CHAPITRE II.

DES DIVERSES ESPÈCES DE SOCIÉTÉS EN COMMANDITE.

L'ancien droit ne connaissait qu'une forme de société en commandite, celle dont nous venons d'étudier les caractères généraux, où les commanditaires entendent proportionner leur intérêt comme leur responsabilité à leur mise: c'est la commandite simple ou par intérêt. Mais on voit dans les art. 38 et 43 du Code de commerce que les législateurs de 1807 avaient déjà entrevu une nouvelle combinaison: la division du capital social en actions. Cette division, empruntée à la société anonyme, forme un autre genre de commandite qu'on désigne ordinairement sous le nom de commandite par actions, et dont la portée est tout autre. Il importe donc de faire ressortir clairement la différence qui existe entre l'action et l'intérêt.

Occupons-nous d'abord de l'intérêt, et essayons de préciser sa nature.

Une des conditions essentielles et caractéristiques de la société, c'est l'obligation pour chacun des associés de fournir un apport d'une valeur quelconque, pourvu qu'elle soit appréciable. Cet apport, qui consiste la plupart du temps en argent, a pour corrélatif indispensable la vocation à un dividende dans les bénéfices réalisés par la société; ainsi, apport des associés leur donnant droit au partage des bénéfices, voilà ce qui constitue l'intérêt. On le voit, c'est toute autre chose que la créance qui résulte d'un prêt à intérêt. Sans doute, dans les deux cas, une prestation de capitaux a été effectuée pour tirer un bénéfice du placement des fonds : c'est là le point d'analogie; mais les deux opérations ont des conséquences différentes.

Dans le contrat de prêt à intérêt, le remboursement du capital est garanti par l'emprunteur; quoi qu'il arrive, le créancier a toujours le droit de se faire payer ce qui lui est dû par tous les recours et voies d'exécution que la loi lui fournit; sa créance a une existence et une durée qui lui sont propres. L'associé commandité, au contraire, ne répond que de la loyauté de sa gestion; si, malgré ses efforts, la société ne prospère pas, il ne doit rien à son commanditaire, dont l'intérêt se confond avec la société elle-même, et n'a ni existence ni durée qui lui soient propres. Dans la société, l'intérêt est susceptible d'un accroissement indéfini: il grossit à mesure que l'entreprise prospère; dans le prêt, le produit de l'argent est limité à un taux légal au delà duquel il deviendrait usuraire. L'intérêt d'un associé, tant que dure la société, est purement mobilier, quand même le fonds commun comprendrait des immeubles (art. 529 Cod. Nap.). En effet, la société seule est propriétaire du fonds social ; le droit des associés ne consiste que dans une action en attribution d'une part dans les bénéfices, et éventuellement d'une part dans le fonds social; mais, à la dissolution de la société, le droit des associés se transforme en un droit de copropriété sur le fonds social, droit mobilier ou immobilier suivant la nature mobilière ou immobilière de ce fonds. Au contraire, le créancier n'a jamais qu'un droit purement mobilier : il n'a vocation à aucune portion en nature dans les biens de son débiteur; son

droit ne tend jamais qu'à un prix et, en dehors des suites
de la garantie hypothécaire, ne peut devenir immobilier.
Enfin, la créance est toujours cessible, tandis que,
comme nous allons le voir, l'essence même de l'intérêt,
c'est d'être personnel et incessible. D'après cette comparaison, il est facile de voir, que tantôt il vaudra mieux
avoir un intérêt dans une société, tantôt une créance
contre elle. La créance, restant toujours fixe et invariable,
est un placement beaucoup plus sûr; le capital ne reste
jamais improductif, et le créancier ne peut craindre que
l'insolvabilité de son débiteur. Mais si l'intérêt dans une
société fait courir à l'associé tous les risques d'une gestion malheureuse; si son capital peut se perdre dans les
opérations sociales, ou, du moins, rester longtemps improductif, il a en compensation la chance de bénéficier; il
peut, à la différence du créancier, voir son capital grossir;
en un mot, c'est une spéculation plutôt qu'un placement.

D'après tout ce qui précède, on voit que l'intérêt puise
son caractère essentiel dans la nature même de la société,
contrat fondé surtout sur la considération des personnes;
l'intérêt et la personne sont intimement liés l'un à l'autre,
on ne conçoit pas l'un sans l'autre. Mais cette personnalité même de l'intérêt était une entrave à la puissance à laquelle était appelée la société en commandite. Elle donnait à la société une existence précaire et soumise à
tous les événements qui peuvent priver une réunion d'individus d'un de ses membres : une foule de causes pouvaient donc en amener la dissolution. De plus, dans de
pareilles conditions, la société n'était accessible qu'à des
capitalistes parfaitement rassurés sur le succès à venir
des opérations commencées, et disposés à se priver pen-

dant un certain temps de sommes d'argent qu'ils ne pourraient pas retirer en cas de besoin, à moins de provoquer la dissolution, ce qui est toujours fort délicat. Cet obstacle funeste au développement de la société en commandite, disparut par la transformation de l'intérêt en action. Ce qui distingue donc l'action de l'intérêt, c'est que l'intérêt est personnel et incessible, et que l'action est cessible et indépendante de la personne. Cette substitution des capitaux à l'individu, qui rompait avec les idées anciennes, est tout le secret de cette grande puissance qu'on nomme commandite par actions. En effet, dès que l'intérêt du commanditaire peut devenir transmissible, que la personne cesse d'être liée irrévocablement à la société, tous les inconvénients, tous les obstacles que nous avons signalés disparaissent; l'existence de la société n'est plus soumise aux événements qui peuvent survenir dans la personne des associés commanditaires, et amener une liquidation inopportune; chaque associé peut, s'il le désire, retrouver son capital en cédant son action, ce qui met à la portée de tous la chance de réaliser des bénéfices importants, sans risquer beaucoup et sans perdre le droit de se retirer à temps. C'est ce qui fait la supériorité de l'action sur l'intérêt et explique les développements prodigieux et les brillants résultats de la société en commandite par actions.

Essayons donc de définir l'action et de mieux faire ressortir son véritable caractére.

Pour se faire une idée exacte de l'action, il faut se figurer des fractions égales d'un tout qui forme le capital social. Le droit des commanditaires consiste à pouvoir réclamer une portion dans les bénéfices pendant la durée de la société, et dans le capital social, lors de la dissolution ; l'action n'est autre chose que la représentation de ce droit dans des titres distincts et transmissibles. Un mot du reste suffirait pour la définir : c'est un intérêt susceptible de cession.

Cette combinaison n'a été que depuis peu de temps appliquée à la société en commandite, mais l'idée en est fort ancienne ; si elle n'a été classée au nombre des valeurs en circulation qu'au commencement du XVIIᵉ siècle, on en trouve des traces dans la plus haute antiquité du droit. M. Troplong en rapporte un exemple curieux. Au XIIᵉ siècle, le moulin de Basacle à Toulouse fut concédé par le prieur de la Daurade à une société dont les membres étaient nommés *pairiers* ou *pariers*, c'est-à-dire participants, portionnaires. La valeur de ce moulin fut divisée en un certain nombre de parts, désignées sous le nom d'*uchaux* (du nom d'une mesure de capacité usitée à Toulouse), et ces *uchaux* furent distribués entre tous les associés, d'après l'importance de leur intérêt. Les bénéfices se partageaient entre les associés, suivant le nombre d'*uchaux* qu'ils possédaient. Or, ces uchaux n'étaient autre chose que des actions, et la preuve, c'est qu'aujourd'hui où l'organisation du Basacle s'est maintenue sans changement notable, l'*uchau* est considéré comme équivalant à une action industrielle. L'*uchau* a toujours été cessible, et non-seulement il peut être cédé en entier, mais il peut l'être par fraction (1).

Ce qui devait surtout donner une grande extension à l'action, c'est la faculté qu'elle a d'augmenter ou de

____

(1) M. Troplong, préface, p. 73.

diminuer de valeur. En raison de la facilité avec laquelle on peut la négocier, l'action devient comme une marchandise ; elle suit des cours de hausse et de baisse, sur lesquels on peut perdre ou gagner. La confiance publique est-elle assurée à l'entreprise, l'affaire se présente-t-elle sous des auspices favorables, les acheteurs abondent ; les actions devenant plus précieuses et plus rares, augmentent de valeur entre les mains des souscripteurs, et ceux-ci gagnent, en les vendant, cette plus value qu'on appelle *prime*. Si, au contraire, les affaires de la société vont mal, si les associés courent le danger de perdre, chacun veut se défaire des actions qu'il possède ; elles inondent le marché, et se déprécient considérablement. C'est de cette faculté particulière à l'action que la spéculation s'est emparée souvent d'une manière si funeste.

Quelquefois, les actions sont émises par coupons ou fractions d'actions ; mais il ne faudrait pas confondre ce fractionnement avec la divisibilité dans le sens de l'article 1218 du Code Napoléon. Sous ce rapport, l'action est indivisible, car l'art. 34 du Code de commerce exige que toutes les actions ou coupons d'actions soient d'une valeur égale. Ainsi, les héritiers d'un actionnaire ne pourront prétendre exercer leur droit chacun pour sa part, et réciproquement ; chacun d'eux pourrait être poursuivi pour le tout, sauf son recours contre ses cohéritiers. Il n'en est pas de même de l'intérêt, lorsqu'il a été convenu que la société continuerait avec les héritiers de l'associé défunt.

L'usage, plutôt que la science du droit (1), distingue .

---

(1) M. Troplong, n° 132.

plusieurs espèces d'actions dont nous citerons les plus importantes. Ainsi, on oppose les actions *de capital* aux actions *industrielles*. Les premières sont celles dont le montant consiste dans de l'argent ou des valeurs mobilières ou immobilières; elles donnent droit à une part dans les bénéfices pendant le cours de la société, à un partage du fonds après la dissolution. Les secondes représentent un apport en industrie, et ne donnent vocation qu'aux dividendes résultant des bénéfices, et non au fonds social lui-même. On distingue encore les actions de *jouissance*. Quelquefois, en fondant la société, on convient que, sur les bénéfices, il sera réservé un fonds destiné à rembourser, peu à peu, aux actionnaires leur mise en capitaux et intérêts. Quand cet amortissement a eu lieu, on délivre à chacun ces actions de jouissance qui leur donnent le droit, pendant la durée de la société, de prendre part aux hénéfices, et, à la fin, de se faire compléter leur remboursement, s'il était resté incomplet.

Souvent on dit que l'action est représentée par un chiffre certain, par une somme fixe. Il ne faudrait pas en conclure qu'un titre représentant une quotité, comme un tiers, un vingtième dans une société, ne serait pas une action ; il suffit que la valeur en soit déterminée d'une manière non équivoque. D'ailleurs, ce qu'il faut considérer, c'est uniquement la question de transmissibilité. Le titre est-il cessible, c'est une action; est-il personnel, c'est un intérêt. Ainsi, l'on voit des actions de quotité parfaitement négociables, surtout dans les sociétés de mines, comme les mines d'Anzin, les mines de la Loire, etc.

La commandite par intérêts étant la plus ancienne, et

se rattachant plus directement au caractère même de la société, il serait plus logique d'étudier sous cette forme primitive les règles spéciales qui régissent les rapports des associés entre eux ou des associés avec les tiers. Il ne resterait plus qu'à examiner les différences résultant de la substitution de l'action à l'intérêt. Mais le développement qu'a pris la commandite par actions lui donne une plus grande importance pratique ; la nouvelle loi lui est consacrée tout entière ; aussi, préférons-nous l'étudier principalement, sauf à tenir compte des différences résultant des deux principes opposés, toutes les fois qu'il sera nécessaire. Ce plan, du reste, ne présente aucun inconvénient ; car, ces réserves faites, toutes les règles générales sont les mêmes.

DEUXIÈME PARTIE.

De l'organisation de la société en commandite.

Une société en commandite est sur le point de s'organiser ; la première question qui se présente, c'est de savoir quelles sont les conditions de fond et de forme sans lesquelles le contrat n'est pas valable et la société ne peut fonctionner. Nous examinerons donc, dans un premier chapitre, ces conditions d'existence relativement aux deux espèces de sociétés en commandite ; et dans un second chapitre, nous verrons les conséquences que la loi attache à l'inexécution de ces conditions.

CHAPITRE PREMIER.

DES CONDITIONS D'EXISTENCE ET DE VALIDITÉ DU CONTRAT.

SECTION Ire.—*Conditions applicables à toute espèce de commandite.*

§ 1er. — Règles générales dérivant de ce que la commandite est un contrat de société.

La société en commandite doit, pour être valable, réunir toutes les conditions de validité énumérées par l'art. 1108 du Code Napoléon, conditions relatives au consentement, à la capacité, à l'objet et à la cause. La nature licite de l'objet peut donner lieu à de nombreuses controverses, et la maxime *nulla est societas maleficiorum* est d'une application difficile ; on ne peut guère formuler de théorie là-dessus ; c'est une question purement pratique qu'il faut résoudre par le droit commun, combiné avec les règles spéciales à chaque matière.

C'est ici le lieu de rappeler la question de savoir si l'exploitation d'une charge d'agent de change peut faire l'objet d'une société en commandite. L'usage de ces sociétés a pris, surtout depuis quelque temps, une grande extension, la valeur de pareilles charges ayant augmenté au point de les rendre accessibles à peu de fortunes privées. La doctrine est partagée sur ce point. Quant à la jurisprudence, elle a longtemps varié ; aujourd'hui, elle paraît fixée dans le sens de la nullité, surtout depuis l'arrêt de la cour impériale de Paris du 10 mai 1860. Il est en effet contraire à l'ordre public et incompatible avec la fonction même d'un agent de change, d'apporter en société un titre d'officier public conféré par l'État, pour certifier la réalité et assurer la sincérité de certaines transactions entre les citoyens. En vain voudrait-on distinguer la propriété vénale, productive de la charge, et le titre, la fonction elle-même ; l'un et l'autre sont intimement liés, et subissent nécessairement une influence réciproque. Une fois la nullité reconnue, quelles en doivent être les conséquences ? Dans un premier système (1), on ordonne la restitution pure et simple des sommes mises entre les mains de l'agent de change ; dans un second, on reconnaît l'existence d'une communauté de fait, donnant lieu par suite à une liquidation d'après le droit commun (2) ; dans un troisième système enfin (3), on refuse aux associés toute action en répétition de leur mise. Il nous semble que ce dernier système va trop loin, et qu'il faut opter entre les deux précédents. Nous pencherions pour celui de la restitution pure et simple, qui nous paraît concilier l'intérêt de l'ordre public avec l'équité ; car, d'un côté, nous ne considérons pas l'office comme pouvant faire l'objet d'une société, même de fait, et de l'autre, l'agent de change devra rendre l'argent qu'on lui a remis, comme si c'eût été un dépôt, ou un prêt.

Outre les conditions générales ci-dessus énumérées, il faudra que tous les éléments constitutifs d'une société

---

(1) Tribunal civil de la Seine, 12 juin 1861.
(2) Paris, arrêt précité du 10 mai 1860.
(3) Trib. de com. de la Seine, 16 déc. 1861.

se trouvent réunis. Nous n'entrerons pas dans les détails. Ainsi on doit trouver :

1° Un apport réciproque, soit mobilier, soit immobilier; soit de jouissance, soit de pleine propriété; soit de capitaux, soit d'industrie; en un mot, de toutes valeurs appréciables en argent;

2° Une vocation commune aux bénéfices, sans quoi il n'y aurait pas de société; car la société est un contrat à titre onéreux, où toutes les parties doivent retirer un avantage en échange de ce qu'elles fournissent (art. 1855, Cod. Nap.).

3° Une contribution commune aux pertes. En effet, si la personne des commanditaires est affranchie de toute responsabilité, leur mise est affectée au payement des dettes de la société; autrement, il y aurait de leur part un placement, un prêt d'argent garanti contre la perte, mais dont le produit devrait être restreint à l'intérêt légal (art. 1855, Cod. Nap.).

§ 2. — Règles de validité résultant du contrat spécial
de commandite.

I. *De la raison sociale.*

La raison sociale est la formule sous laquelle on désigne la société ; c'est pour ainsi dire son nom propre et sa signature; c'est la conséquence naturelle de la responsabilité personnelle et solidaire des associés en nom, et de la personnalité civile de la société.

L'usage en remonte fort loin; dès le treizième siècle on trouve des exemples de désignation telles que **N.** *et ejus socii, N. et compagnie.* Toutefois, sous l'empire de l'ordonnance de 1673, la commandite n'avait pas de raison sociale. On pensait, en effet, que la désignation *un tel et compagnie*, embrassant tous les associés, les tiers auraient pu y être trompés, et les croire tous solidairement responsables ; aussi, ne désignait-on la société en commandite que par le nom du commanditaire ou complimentaire. Mais les rédacteurs du Code ont heureusement innové sous ce rapport, et, assimilant les commandités aux associés dans une société en nom collectif, ont exigé une raison sociale (art. 23, Cod. de Com.). D'après cela, supposons un seul gérant et tous les autres commanditaires : la raison sociale *N. et compagnie* sera la signature de la société, sans engager indéfiniment la responsabilité de simples commanditaires. On ne pourrait évidemment faire entrer dans cette raison sociale que les noms des associés responsables, et, si le nom d'un commanditaire avait été inséré, celui-ci encourrait la responsabilité qui en résulte. L'encourrait-il de plein droit, ou les tribunaux auraient-ils le pouvoir de juger d'après les circonstances? L'opinion générale est que le commanditaire doit subir les conséquences de sa faute ou tout au moins de son imprudence, et que par suite, le fait seul d'avoir mis son nom dans la raison sociale lui fait subir à l'égard des tiers la responsabilité d'associé en nom.(1)

II. Conditions de formes et de publicité.

1° Nécessité d'un acte écrit.

Autrefois, nulle formalité n'était imposée à ceux qui formaient une société ; la preuve pouvait en résulter de

---

(1) M. Troplong, n° 414. — M. Delangle, n° 338. — Casaregis, disc. 39.

toutes sortes de moyens. L'ordonnance de 1673, la première, exige pour la société en commandite la rédaction
d'un acte écrit. Les art. 39 et 41 du Cod. de com.
prescrivent aussi cette formalité même pour une valeur
inférieure à 150 fr. à cause de la difficulté et des
dangers d'une pareille preuve. Mais cet acte peut être
rédigé sous seing privé, suivant les règles de l'art. 1325
du Code Nap., c'est-à-dire qu'il faudra autant d'originaux
qu'il y a de parties ayant un intérêt distinct. Ici se présente une difficulté d'application : faudra-t-il autant
d'originaux que de personnes figurant au contrat, c'est-
à-dire autant qu'il y a de commandités et de commanditaires? Quelques personnes pensent que la loi ne va
pas jusque-là, et qu'il suffit de rédiger autant d'originaux
qu'il y a d'intérêts engagés, c'est-à-dire deux seulement,
l'un pour les commandités, l'autre pour les commanditaires (1). Cette solution est vivement contestée: on dit
qu'elle n'est pas conforme au texte de l'art. 24. (C. Com.),
qui assimile les commandités à des associés en nom collectif, lesquels doivent tous avoir un original distinct.
Quant aux commanditaires, on ajoute qu'ils ont aussi
chacun un intérêt particulier, car ils jouent réciproquement le rôle de créanciers et celui de débiteurs. Ce
second système est plus conforme au droit, mais il est
inapplicable surtout dans les grandes sociétés, où les
commanditaires sont fort nombreux et résident peut-être
à de grandes distances du lieu où se forme le contrat. Ne
pourrait-on pas s'en tenir à un système mixte, qui con-
cilierait la loi et la pratique? On rédigerait l'acte en

----

(1) Bordeaux, 23 mai 1828.

autant d'originaux que d'associés en nom, conformément aux art. 39 (C. Com.) et 1335 (C. Nap.). Quant aux commanditaires, un seul acte leur suffirait ; il serait déposé chez un notaire où ils pourraient en prendre connaissance et en exiger une copie. On comprend mieux, pour ces derniers, que leur intérêt est unique dans le contrat ; la loi de 1856, par son art. 14, nous confirme dans cette opinion, en désignant un seul commissaire pour représenter l'intérêt collectif de tous les commanditaires.

2° Publication.

L'art. 42 du Code de Commerce exige la publication de l'extrait de l'acte de société en commandite, dans la quinzaine de sa date. C'est comme un second contrat qui intervient entre la société, les associés et les tiers, après le premier qui s'était formé entre les associés seulement : cette seconde formalité a pour but de porter à la connaissance du public les clauses qui peuvent l'intéresser ; ainsi avertis, les tiers pourront forcer les commanditaires à verser leur mise, et seront garantis contre une fraude que pourraient pratiquer ces derniers, de concert avec les associés, en se faisant passer pour des créanciers et en venant concourir avec les créanciers véritables. Toutefois, on voulait encore respecter le secret du nom des commanditaires ; c'est pourquoi le Code n'exige pas que leur nom figure dans l'extrait publié : il ne désigne que le montant des apports (1).

____

(1) Quand les commanditaires étaient des non commerçants, l'ordonnance de 1673 n'exigeait pas la publication. C'était pour ne pas écarter ceux dont le

Cette publication doit être faite par le notaire qui a reçu l'acte, s'il est authentique ; par les associés en nom, s'il est sous seing privé (art. 44, C. com.), et dans un délai de quinze jours, à partir de la date de cet acte. Mais si la société était soumise à une condition, le délai ne courrait que du jour de la condition.

L'art. 42 du Code de commerce règle les modes de publication. L'extrait de l'acte doit être remis au greffe du tribunal de commerce de l'arrondissement dans lequel est établie la maison du commerce social, pour être transcrit sur le registre et affiché pendant trois mois dans la salle des audiences. Le décret du 12 février 1814, signé par l'impératrice Marie-Louise, comme régente, ajouta à ces moyens de publicité l'insertion de l'extrait dans les affiches judiciaires et les journaux de commerce du département où la société avait son siége ; mais, soit qu'il fût trop contraire aux usages reçus, soit que les événements politiques l'eussent fait passer inaperçu, ce décret fut peu exécuté, et beaucoup de sociétés s'étant dispensées de ces formalités, furent menacées d'annulation. Les choses en étaient là, quand la Cour de cassation décida, en 1832, que ce décret était inconstitutionnel, comme en dehors des pouvoirs de la Régente. De plus, la loi du 31 mars 1833 combla cette lacune législative en statuant que chaque année, dans la première quinzàine de janvier, les tribunaux de commerce devront désigner au chef-lieu de leur ressort, et, à leur défaut, dans la ville

---

rang et les fonctions étaient incompatibles avec le commerce. Mais alors on pouvait craindre les abus que la publication est appelée à prévenir (Savary, *Parf. nég.*, p. 36).

la plus voisine, un ou plusieurs journaux où seront insé-
rés, dans la quinzaine de leur date, les extraits de l'acte
de société ; en outre, il sera justifié de cette insertion par
un exemplaire du journal, certifié par l'imprimeur, léga-
lisé par le maire, et enregistré dans les trois mois de sa
date. Enfin, le décret organique sur la presse du 17 fév.
1852 substitue les préfets aux tribunaux de commerce
pour la désignation des journaux où se feront les inser-
tions légales.

Quelles mentions doit contenir l'extrait ainsi publié ?
Ces mentions sont indiquées par l'art. 43. L'extrait doit
contenir : 1° l'indication de la raison sociale ; c'est la
première chose que les tiers doivent connaître ; 2° le nom
des commandités ; car ce sont eux qui sont responsables ;
3° le montant des valeurs fournies ou à fournir par actions ou en commandite ; car c'est encore là le gage des
tiers ; 4° l'époque où la société doit commencer, et celle
où elle doit finir ; c'est dans cet intervalle seulement que
la société a une personnalité civile. Il faudra de plus y
insérer toutes les clauses particulières qui seraient de
nature à modifier les relations de la société avec les tiers ;
enfin, toutes les conventions ultérieures qui apportent
quelques changements dans ces relations doivent recevoir la même publicité (art. 46). Remarquons, toutefois,
que, comme ces mesures ne sont que dans l'intérêt des
tiers, les clauses modificatives des rapports intérieurs des
associés entre eux ne seraient pas assujetties aux mêmes
formalités.

La loi du 17 juillet 1856 a ajouté quelque chose de
plus aux conditions de forme et de publicité pour les
sociétés en commandite par actions. Aux termes de l'art. 1

de cette loi, la souscription de la totalité du capital social et le versement du quart des actions souscrites doivent être constatés par une déclaration du gérant dans un acte notarié, et l'acte de société doit être annexé à cette déclaration, ainsi que la liste des souscripteurs et l'état des versements par eux effectués.

SECTION II. — *Règles spéciales à la commandite par actions.*

Jusqu'à la loi de 1856, on n'avait pas d'autres règles que celles du Code de 1807, qui ne tracent que fort imparfaitement les principes élémentaires de la commandite par actions. Ces quelques articles étaient loin de répondre au développement que prit cette institution ; enfin tout était réglé par l'usage, et toute latitude était laissée aux associés. De là une foule d'abus graves qui se manifestaient d'une manière funeste à l'intérêt public, surtout au moment de la fondation d'une société de ce genre. Des spéculateurs sans conscience profitaient habilement de l'inexpérience générale et, au moyen de manœuvres adroites, réalisaient d'immenses bénéfices au détriment des capitalistes trop crédules. Deux espèces de fraudes qui se renouvelaient souvent attirèrent principalement l'attention du législateur.

Un ou plusieurs individus s'annonçaient comme fondateurs d'une grande société en commandite, dont le capital social présentait pour l'avenir un chiffre imposant ; mais ils déclaraient que la société serait provisoirement constituée, dès qu'on aurait réuni un certain nombre de signatures et une certaine somme, comme versement; en général, cette somme était insuffisante pour l'entreprise, ou bien les souscriptions ne continuaient pas, de sorte qu'après s'être attribué des appointements, et avoir ainsi accaparé une partie des sommes versées, les fondateurs annonçaient que l'affaire ne pouvait marcher, et les souscripteurs en étaient pour leurs avances. Quelquefois, la fraude allait plus loin encore; afin d'atteindre plus vite le chiffre indiqué pour les souscriptions, les fondateurs recouraient à des gens sans solvabilité et en obtenaient des signatures *de complaisance*. Les souscripteurs sérieux se voyaient obligés de verser le montant de leurs engagements, et l'émission définitive des actions avait lieu. Alors, par la voie de la réclame, par des promesses brillantes et même par la distribution de *dividendes fictifs*, pris sur le capital, les fondateurs faisaient monter rapidement la valeur de ces actions; comme ils avaient eu soin de s'en attribuer un bon nombre en leur qualité de fondateurs, ils s'empressaient de les vendre à des prix fort élevés. Une fois ces bénéfices par eux réalisés, les souscriptions de complaisance ne produisant aucun versement, les opérations de la société ne tardaient pas à cesser, faute de capitaux, et la liquidation arrivait, laissant tout le déficit à la charge des actionnaires sérieux.

Une autre espèce de manœuvre consistait dans une évaluation exagérée et frauduleuse de l'apport en industrie. Voici ce qui se passait ordinairement : un individu se prétendait l'auteur d'une combinaison nouvelle, d'une précieuse découverte, destinée à produire d'immenses résultats; il la décorait même au besoin d'un titre pompeux, qui en faisait une amorce pour la cupidité publique, et proposait comme une faveur de livrer au commerce la pratique de son idée, en la faisant valoir par une société en commandite. Les souscripteurs accouraient en foule, et l'industriel ne manquait pas de prendre pour lui une grande quantité d'actions de capital, en échange de son prétendu apport d'industrie. Les annonces brillantes de la réclame faisaient leur office, doublaient la valeur des actions; le fondateur profitait du moment favorable pour négocier ses actions, et, quand il avait fait ainsi sa fortune, son secret si vanté échouait dans l'application, et les commanditaires étaient encore les victimes de leur bonne foi.

Il fallait de toute nécessité remédier à un pareil état de choses. Une première tentative de réforme ayant échoué en 1838, comme nous l'avons déjà dit (1), nous allons examiner le système préventif organisé par la loi du 17 juillet 1856. Cette loi contient plusieurs conditions essentielles à la validité du contrat :

1° Le capital social doit être souscrit en totalité, et chaque actionnaire doit effectuer de suite le versement du quart au moins de l'action par lui souscrite (art. 1 et 2).

2° Ces deux faits doivent être constatés par acte notarié (art. 1).

3° Les apports qui ne consistent pas en numéraire et les avantages particuliers stipulés au profit d'un associé doivent être évalués et approuvés dans l'assemblée générale des actionnaires (art. 4).

(1 Voy. page 9.

4° Un conseil de surveillance doit être nommé préalablement à toute opération sociale (art. 5).

5° Les actions sont soumises à des conditions particulières, quant à leur nature et à leur forme.

I. *Souscription du capital social et versement du quart au moins de l'action souscrite.*

Cette disposition a pour but, comme on le voit, d'établir pour les sociétés une base solide et capable d'inspirer la confiance. Désormais, les fondateurs ne pourront plus compromettre leur propre entreprise à défaut d'une garantie de capitaux suffisante, et la fondation d'une société en commandite ne pourra dégénérer en une opération d'agiotage. Ainsi, toutes les actions doivent être souscrites, et comme nous verrons qu'une souscription d'action engage chaque souscripteur pour la totalité, le capital annoncé est, dès lors, assuré à la société.

Quant au versement du montant de l'action, on aurait pu en exiger la totalité, mais c'eût été entraver la marche des opérations, et, d'ailleurs, encombrer la caisse d'un capital inutile. La loi n'exige donc rigoureusement que le versement du quart de la mise; mais remarquons que ce quart doit être versé sur chaque action par chaque actionnaire, et non pas seulement calculé sur l'ensemble; autrement, la loi n'aurait pas atteint son but, qui était d'écarter les souscripteurs de complaisance. Il faut, de plus, que ce premier versement soit effectué en numéraire et non simplement en *valeurs de satisfaction*, ce qui prêterait trop à la fraude (1). Pourtant, l'assemblée gé-

---

(1) M. Bédarride, t. 2, *Append.*, p. 47, 48.

nérale des actionnaires, comme nous le verrons tout à l'heure, pourrait autoriser un apport effectué autrement qu'en numéraire; ainsi en valeurs mobilières ou en immeubles (1).

On a vu, dans des actes de société, la clause qu'une portion seulement du capital serait émise, par une première série d'actions, et que, si la somme ne suffisait pas, les gérants pourraient parfaire le capital en émettant une nouvelle série d'actions, avec l'autorisation du conseil de surveillance. Cette stipulation était dangereuse par elle-même, en ce qu'elle eût fourni un moyen d'éluder la loi. Elle avait donné lieu à une proposition d'amendement au projet de loi, qui a été rejetée au conseil d'État; aussi, en présence de la rédaction définitive, faut-il la regarder comme illicite.

Mais que décider relativement à une autre clause assez fréquente? Le capital social étant déterminé, on convient que, plus tard, et en cas de besoin, il pourra être augmenté au moyen d'une nouvelle émission d'actions autorisée par le conseil de surveillance. Ce n'est plus l'espèce que nous venons d'examiner. Nous avions supposé que le capital fixé n'avait pas été réalisé de suite, qu'il ne l'avait été que par parties; ici, le capital fixé est réalisé immédiatement; seulement, on veut l'augmenter par une nouvelle souscription, parce que les besoins de la société augmentent, que des difficultés imprévues se présentent. Pourquoi rendre la société impuissante à parer à de semblables éventualités? Faut-il la forcer à recourir

----

(2) Dalloz, v° *Société*, n° 1181.

à un emprunt? Rien dans la loi ne justifierait cette rigueur inutile. Nous admettons même qu'en l'absence de toute clause l'assemblée générale pourrait prendre cette décision à la majorité ; mais, sans contredit, les actionnaires primitifs ne pourraient être forcés de souscrire à cette nouvelle émission, car ce sont des souscriptions nouvelles, et ils ne répondent que du montant de leurs actions (1).

II. *Déclaration faite par acte notarié.*

La loi ne se contente pas d'exiger ces conditions ; elle a voulu que leur accomplissement fût rigoureusement constaté. Cette constatation a lieu par la déclaration que fait le gérant, devant notaire, que la souscription de tout le capital et le versement du quart des actions ont été effectués. Le gérant doit joindre à cette déclaration la liste des souscripteurs, l'état des versements faits par eux et l'acte de société (art. 1, §§ 3 et 4). Dans le projet de loi, on avait exigé la réalisation même entre les mains du notaire ; mais on fit remarquer avec raison que ce mode de constatation était à peu près impraticable, en sorte que, d'après la rédaction définitive, ce qui est revêtu du caractère d'authenticité, ce n'est pas l'accomplissement même des conditions de la loi, mais la déclaration qu'elles ont été accomplies. Et remarquons bien que cette déclaration et ce dépôt sont exigés, alors même que l'acte de société aurait été fait en forme authentique, parce qu'il s'agit ici de garantir, non pas les clauses du

---

(1) M. Vavasseur, n° 13. — M. Bédarride, n° 32.

contrat, mais bien l'observation des dispositions de la loi. Quant à l'exactitude des déclarations, elle est sanctionnée par la peine portée dans l'art. 13 de la loi contre ceux qui ont frauduleusement obtenu ou tenté d'obtenir des souscriptions ou des versements.

III. *Appréciation de la valeur des apports qui ne consistent pas en numéraire et approbation d'avantages particuliers au profit d'un associé, par l'assemblée générale.*

Cette disposition a pour but de prévenir la fraude résultant d'une évaluation exagérée donnée à l'apport en industrie fait par un des associés.

On ne trouva pas de prime abord le système préventif qui a été définitivement adopté. Dans un premier projet de loi, on accordait à tout actionnaire le droit, pendant deux ans, de prouver que l'apport était d'une valeur réelle inférieure de plus de moitié à celle qui lui avait été donnée, et de demander, sous toute responsabilité du gérant, la réparation du préjudice causé par cette exagération. Mais c'était encore laisser trop de marge à la fraude, que de lui permettre de s'étendre dans les limites de la moitié d'une valeur qui pouvait être considérable. D'ailleurs, comment prouver la valeur d'un apport industriel, d'une idée nouvelle au bout de deux ans, sans courir le risque de se tromper? Enfin, la convention est la loi des parties majeures et capables (art. 1134, Cod. Nap.), et une action en restitution pour cause de lésion n'était pas en harmonie avec le droit commun qui ne l'admet que dans les cas limités de vente et de partage; il eût fallu demander la rescision du contrat lui-même, et non pas une restitution du dommage causé. On proposa dans un autre système de recourir à une expertise; mais, outre le danger d'une collusion frauduleuse entre les experts et l'associé, ce dernier n'encourait aucune responsabilité, et en était quitte pour se retirer et chercher fortune ailleurs. Ces deux systèmes n'étant pas admissibles, on en a adopté un troisième, basé sur ce que dans la commandite par actions, les souscriptions isolées ne sont pas données en parfaite connaissance de cause; en effet, le plus souvent le fondateur rédige seul l'acte de société, et les souscripteurs ne connaissent que ses *prospectus* et ses promesses séduisantes. Aussi, la loi pouvait-elle admettre une appréciation ultérieure de la valeur des apports par une assemblée d'actionnaires, sans violer le principe de l'irrévocabilité du consentement donné entre parties capables et libres de contracter.

Voici donc ce qui va se passer. L'expression employée par la loi « approbation dans une réunion ultérieure, » suppose deux assemblées d'actionnaires. Dans une première réunion générale, on propose l'évaluation mise par l'industriel à son apport, et les bénéfices qu'il réclame en échange. Cette communication accomplie, « l'assemblée, dit la loi, en *fait* vérifier et apprécier la valeur (art. 4, § 1). » Elle ne procède donc pas par elle-même à la vérification. On avait proposé dans un amendement d'admettre que le soin de cette appréciation serait confié à une commission qui s'adjoindrait des experts, mais c'était imposer des formes de vérification trop arrêtées, et la rédaction définitive laissa à la première assemblée la faculté de spécifier les moyens qu'elle jugerait convenables pour cette opération. Puis, dans une seconde réunion, sur le rapport des experts ou de la commission désignée, les souscripteurs auront à approuver ou à rejeter définitivement les propositions de l'industriel.

Nous ne voyons pas pourquoi cette assemblée ne pourrait pas, tout en reconnaissant que les prétentions du gérant sont exagérées, s'en tenir à une réduction offerte par celui-ci dans ses prétentions. Si la majorité peut lier l'ensemble des associés pour toute l'étendue des offres du gérant, à plus forte raison aura-t-elle le droit de les adopter, lorsqu'elles sont moindres, si toutefois elles ne sont pas de nature à contenir les éléments d'un nouveau contrat.

Quant à la première réunion, elle ne pourrait pas, en adoptant ou en rejetant d'abord la proposition, rendre une seconde assemblée inutile, car toutes les formalités de l'art. 4 sont de rigueur, comme le prouve l'art 6, qui frappe de nullité toute société constituée contrairement à l'*une* de ces dispositions (1).

L'art. 4 détermine le mode de délibération employé spécialement dans ces deux assemblées préparatoires : « Les délibérations sont prises par la majorité des actionnaires *présents*. » Comment se calcule cette majorité ? Il fallait concilier les droits des petits souscripteurs avec ceux des actionnaires importants, et ôter aux fondateurs le moyen de ne convoquer que ceux dont le vote leur était assuré ; aussi, la loi a-t-elle emprunté à la faillite la combinaison de la majorité en nombre et en sommes.

---

(1) Dalloz, v° *Société*, n° 1193.

Pour la première, il faudra la moitié plus un de tous les actionnaires présents, c'est-à-dire votants, et de plus le quart au moins de tous les actionnaires inscrits sur la liste annexée, qu'ils soient présents ou non.

La loi exige de plus la majorité en sommes; cette majorité devra représenter « le quart du capital social en numéraire. » Soient donc cent actionnaires, et un capital de 500,000 fr. S'il y a soixante votants, la majorité devra être au moins de trente et un actionnaires, représentant un chiffre de 125,000 fr.; s'il y a quarante votants, la majorité sera de vingt-cinq votants, représentant la même somme. Naturellement, les associés qui ont fait l'apport d'industrie ne figurent pas dans ce nombre, puisqu'il s'agit de vérifier leur apport; aussi la loi ne fait-elle figurer dans le calcul de la majorité que les capitaux en numéraire (art. 4, *in fine*).

Toutes ces dispositions sont de rigueur, mais elles ne s'appliquent qu'aux assemblées préparatoires, et non à celles qui se tiennent dans le courant de la société. Peu importe du reste que les statuts règlent d'avance les conditions du vote, qu'ils accordent, par exemple, à chacun un nombre de voix proportionné au nombre d'actions qu'il possède; comme il s'agit précisément d'organiser la société, les statuts ne peuvent avoir aucune autorité.

Tel est le système adopté par la loi, pour la vérification des apports autres qu'en numéraire. Sans doute. il est plus heureux que ceux proposés d'abord, mais il n'est pas à l'abri de toute critique. D'abord, il entraîne des frais, des lenteurs, à cause de l'éloignement possible d'un grand nombre d'actionnaires. D'ailleurs, lors de la seconde réunion, les choses sont bien avancées pour tout anéantir ; l'acte est signé, des versements ont eu lieu, et rarement on aura le courage de revenir sur tout ce qui a été fait. Et puis, des inventeurs sérieux ne craindront-ils pas d'exposer une découverte utile aux yeux d'un grand nombre d'individus dont quelques-uns peuvent refuser leur approbation pour s'emparer de cette idée nouvelle à leur profit? Il ne nous appartient pas de critiquer la loi, mais qu'il nous soit permis de dire avec des autorités respectables que le système de l'*autorisation préalable* du gouvernement aurait peut-être été préférable.

M. Duvergier (1) soulève encore une objection contre la loi, à propos d'un incident qui s'était produit au corps législatif sur une interpellation de M. le comte de Chasseloup-Laubat. L'égalité que la loi a voulu donner individuellement à tous les actionnaires peut être détruite, si le souscripteur d'un grand nombre d'actions en distribue la propriété apparente à plusieurs individus à sa dévotion, qui acquerront, par leur qualité de cessionnaires, le droit de prendre part au vote, et constitueront ainsi une majorité. Sans doute, comme l'a fait remarquer le rapporteur dans sa réponse à l'interpellation, ces actions ne sont pas négociables par la voie commerciale avant le versement des deux cinquièmes de leur valeur, comme nous allons le voir, et les formes lentes et coûteuses d'un transport civil (art. 1689, C. N.), rendront cette fraude bien difficile. Mais, si l'objection est résolue en fait, elle ne l'est pas en droit, et l'on ne

____

(1) Loi de 1856. p. 340.

saurait admettre avec M. Duvergier que les actions, dont nous nous occupons, soient incessibles par la voie civile, comme n'étant pas certaines et résultant d'un contrat imparfait; car la loi autorise incontestablement la cession d'une créance conditionnelle, d'une chose future. Le seul moyen d'empêcher toute fraude, c'était de dire que le droit de voter dans ces assemblées préliminaires serait inséparable de la personne du souscripteur; mais, encore une fois, on a pensé que le danger n'était pas sérieux en fait.

Du reste, toutes ces prohibitions spéciales n'enlèvent pas aux actionnaires le droit de faire valoir les nullités prévues par les art. 1109 et suivants, 1304 et suivants, du Codé Napoléon, en cas de dol, de fraude, d'erreur ou d'incapacité.

IV. *Nomination d'un conseil de surveillance.*

La quatrième condition préalable aux opérations de la société en commandite, c'est la nomination d'un conseil de surveillance. Nous reviendrons sur cette institution en son lieu. Il nous suffit de dire ici que la société est complétement nulle et le gérant passible de peines sévères, si l'entreprise commence à fonctionner avant l'accomplissement de cette formalité indispensable (art. 6 et 11 de la loi).

V. *Conditions relatives à la théorie des actions.*

Le Code de commerce ne s'occupait guère des règles relatives aux actions; aussi n'est-on pas surpris de voir les abus résultant de la liberté laissée aux fondateurs de commandites avant la loi de 1856. A cette époque, on avait à répondre à trois questions relatives aux actions : 1° le taux pouvait-il en être arbitraire et fractionné à l'infini ? 2° Sous quelle forme pouvait-on émettre les actions; devaient-elles être au porteur ou nominatives ? 3° Quelle était la responsabilité du souscripteur d'une action et les limites du droit de la céder?— Nous allons suivre la loi nouvelle, à mesure qu'elle répond à ces diverses questions.

1° *Du taux des actions.*

A ce premier point de vue, la pratique avait introduit les abus les plus criants. La spéculation, pour offrir un appât plus tentant aux classes laborieuses, toujours avides de placer avantageusement le fruit journalier de leurs économies, avait introduit l'usage de fractionner des actions jusqu'aux chiffres minimes de 10, 5 et même 1 fr. Le peuple, plus accessible encore aux illusions entraînantes, allait porter en foule ses capitaux dans des sociétés sans avenir qui se liquidaient quelques mois après, laissant derrière elles la ruine et la misère.

Ces odieuses manœuvres devaient surtout éveiller la sollicitude du législateur. La loi de 1856 a sagement fait d'élever considérablement le minimum du taux des actions. Pour les sociétés dont le capital social ne dépasse pas 200,000 f., les actions ou fractions d'actions ne peuvent être de moins de 100 fr.; pour celles dont le capital est supérieur à 200,000 fr., le taux minimum est de 500 fr. (art. 1 et § 1). Cette loi n'a pas d'effet rétroactif sur les sociétés existantes lors de la promulgation; en effet, l'art. 15 spécifie les dispositions applicables aux sociétés déjà existantes, et le § 1 de l'art. 1, dont nous nous occupons, ne figure pas dans cette énumération. Si donc ces sociétés anciennes veulent faire une nouvelle émission d'actions, elles ne seront pas forcées de s'astreindre à ce minimum, et conserveront le taux adopté dans leurs statuts.

2° *De la forme des actions.*

L'action se présente principalement sous deux formes. Elle est *nominative,* si elle indique le nom du titulaire; ou *au porteur,* quand le nom du souscripteur ne figure pas sur le titre. Lorsqu'elle est nominative, elle ne peut être négociée que par une déclaration de transfert, inscrite sur un registre établi à cet effet et signé par le gérant, le titulaire et le cessionnaire. Quand elle est au porteur, elle est valablement transmise par une simple tradition de la main à la main. On lui applique justement la maxime du droit civil, *en fait de meubles, possession vaut titre* (1).

Avant la loi de 1856, toute liberté était donnée aux fondateurs et gérants d'une société en commandite d'émettre des actions, soit nominatives, soit au porteur. Pourtant, cette doctrine ne s'était pas établie sans contestation; on avait soutenu que l'action au porteur était incompatible avec le caractère de la société en commandite.

---

(1) Paris, 14 fév. 1832.

On disait que ces actions donnaient un moyen facile aux simples commanditaires de s'immiscer dans la gestion ; que les tiers ne sauraient à qui s'adresser pour exercer leur recours contre les souscripteurs ; enfin que, admettre une forme d'action rendant les actionnaires étrangers les uns aux autres, c'était méconnaître la nature de la société, laquelle se forme surtout en considération des personnes (1). On répondait que l'art. 38 assimilait, quant aux règles relatives aux actions, les commandites aux sociétés anonymes, sauf la seule nécessité de l'élément responsable, et autorisait par conséquent l'émission d'actions au porteur ; que, quant à l'immixtion des commanditaires, elle n'annulait jamais la société, mais les rendait responsables, ce qui était simplement une question de preuve à faire contre eux. Ce dernier système avait triomphé dans la jurisprudence, et il était aussi soutenu par beaucoup d'auteurs (2).

La loi nouvelle tranche la question en réglant elle-même la forme des actions ; par suite, toutes actions seront émises nominativement : elles ne pourront revêtir la forme au porteur qu'après leur entière libération, c'est-à-dire quand le montant en aura été versé totalement par le souscripteur (art. 2 de la loi). On voit que la loi a pris un système mixte ; elle n'interdit pas les actions au porteur, comme cela a lieu dans d'autres législations (3), mais elle les prohibe jusqu'à la parfaite libération du souscripteur.

---

(1) MM. Locré, art. 35 et 38, C. com. ; Pardessus, t. iv, n° 1033.
(2) MM. Troplong, n°ˢ 147 et suiv. ; Delangle, n° 500.
(3) Code russe, art. 22, C. de com. hongrois, art. 56.

Cette interdiction a été inspirée par les abus nombreux auxquels avait donné lieu l'usage des actions au porteur dans les débuts d'une société. C'est dans cette période surtout que la spéculation se livrait à un agiotage effréné. En effet, cette faculté de hausse et de baisse que possède surtout l'action au porteur, et la facilité avec laquelle on peut la transmettre sans compromettre son nom, donnaient un libre accès dans les sociétés à des souscripteurs moins occupés du succès de l'entreprise que de la réalisation immédiate d'immenses bénéfices. L'émission des titres devenait un commerce; on jouait sur les primes, sans connaître seulement le but de l'entreprise, le tout au grand détriment des souscripteurs sérieux et des tiers qui contractaient avec la société. Le but de notre art. **2** est donc d'empêcher cet agiotage, en n'admettant que des commanditaires vraiment intéressés à la société elle-même et soumis à une sorte de responsabilité morale résultant de leur position connue et nominale dans l'entreprise.

3° *De la responsabilité des souscripteurs et du droit de négocier les titres.*

L'art. 3 de la loi nouvelle porte que les souscripteurs d'actions sont responsables du versement intégral du montant des actions souscrites. Cette règle semble toute naturelle, comme dérivant du principe que le commanditaire est tenu jusqu'à concurrence de sa mise (art. 26, C. com.). Mais il fallait la poser pour trancher des doutes que la pratique avait fait naître. En effet, pour donner plus de facilité aux actionnaires et ne **pas encombrer** la caisse sociale de sommes inutiles, on accorde souvent aux souscripteurs plusieurs délais pour effectuer leurs versements. Quelquefois même, on ne leur en demande qu'une partie, et le reste n'est soumis qu'à l'éventualité de besoins à venir. En attendant, on délivre de simples *promesses d'actions*, espèce de titres provisoires, tenant lieu du titre définitif jusqu'à parfaite libération.

On avait admis que ces promesses d'actions étaient négociables, quel qu'eût été le versement effectué. De là était née la question de savoir si le souscripteur primitif qui avait aliéné son titre était responsable du montant intégral de son versement, ou s'il n'y avait de recours que contre son cessionnaire. Quelques auteurs et un arrêt de Paris (1) avaient adopté ce dernier système, en s'appuyant sur l'idée que c'est l'action seule qui est débitrice et non le souscripteur; que le cessionnaire de l'action devenait par le fait même l'unique débiteur; que d'ailleurs la cession était opposable aux autres associés qui avaient donné implicitement leur consentement à toute aliénation semblable, en adoptant la division du capital en actions. Mais d'autres auteurs et d'autres arrêts (2) avaient décidé que le souscripteur restait obligé. En effet, il ne peut, par une cession postérieure, se libérer d'une obligation positive qui figure dans un écrit signé de sa main, l'obligation de parfaire sa mise. Il ne saurait, par un acte fait en dehors de la société, nover le contrat primitif par lui formé; d'ailleurs, ce serait enlever toute garantie aux tiers qui comptent sur un sous-

---

(1) Paris, 22 mai 1852. — M. Pardessus, n° 1043 2°.
(2) Lyon, 9 avr. 1856. — M. Troplong. — M. Delangle, II, n° 450.

cripteur solvable et seraient privés de leur recours contre lui. C'est dans ce dernier sens qu'a abondé la loi de 1856 dans l'art. 9, en édictant le principe de la responsabilité dans toute son étendue.

Outre le recours contre les souscripteurs primitifs, il reste encore, la loi ne s'y oppose nullement, un recours contre les détenteurs de l'action ; ce qui se justifie en droit, puisque ces derniers succèdent aux droits et charges de leurs cédants. Mais est-ce à dire que chaque cessionnaire, ayant lui-même transmis une action non libérée, reste responsable pendant trente ans du versement intégral? Quelques auteurs semblent vouloir tirer cette conclusion de la loi, disant que le caractère nominatif de l'action rend chacun responsable de la solvabilité de son cessionnaire (1). Il ne faudrait pas aller jusque-là. Le souscripteur est tenu, parce qu'il s'est engagé personnellement vis-à-vis de la société ; le détenteur actuel est tenu, comme ayant entre les mains une action non libérée, mais il n'y a pas de raison pour soumettre à un pareil recours le porteur intermédiaire.

Examinons maintenant quels moyens ont les sociétés pour forcer le souscripteur à remplir son obligation. Ce sont toutes les voies de droit, telles que saisies mobilières et immobilières après jugement. Mais, auparavant, la société fait vendre les actions non libérées, et n'a de recours contre l'actionnaire que pour la différence entre ce qu'il doit et le prix de cette vente. S'il n'y a pas de mention spéciale à cet égard dans les statuts de la société, il faudrait faire précéder la vente des actions d'une

---

(1) M. Bédarride, n° 50. — M. Vavasseur, n° 68.

mise en demeure et d'un jugement prononçaut la dé-
chéance; mais, le plus souvent les statuts décident que,
faute par l'actionnaire d'effectuer ses payements, les actions seront vendues à la Bourse par le ministère d'un
agent de change, après publication dans les journaux.
Il en résulte dans les deux cas, pour l'actionnaire, la
perte de sa qualité d'associé, sans qu'il soit pour cela
libéré de l'obligation de parfaire le versement, car la
vente de ses actions n'est qu'un moyen d'exécution et
non pas un acte qui le délie de ses obligations. La renonciation même de l'actionnaire aux droits que lui donne
cette qualité dispense les compagnies des formalités exigées pour la saisie de l'action, mais ne libère pas l'associé (1).

Ce dernier pourrait-il se refuser à payer le complé-
ment de sa mise à l'égard des créanciers de la société, en
invoquant une clause assez usitée dans les statuts, qui
porte que les souscripteurs qui ne répondront pas aux ap-
pels de fonds, dans les délais fixés, *seront déchus de leurs
droits,* et les payements déjà effectués acquis à la compagnie? Cette question, soulevée avant la loi de 1856,
était controversée. D'une part, on décidait que cette
clause étant contraire à la responsabilité résultant pour
le souscripteur de l'art. 26 (C. com.), ne pouvait avoir
d'effet qu'entre les commanditaires, et ne pouvait être
opposée aux créanciers de la compagnie (2). D'autre
part, on soutenait que, puisqu'il était permis à un associé de se retirer de la société après un premier verse-

---

(1) Cass., Rejet, 13 août 1856.
(2) Lyon. 9 av. 1856. — MM. Bédarride, n° 239.

ment, il pourrait aussi bien s'en tenir à cette première
mise, en se soumettant à en perdre la valeur et sa qualité d'actionnaire , car ces deux facultés sont analo-
gues (1). Depuis la loi nouvelle, on ne peut plus faire
ce raisonnement, car un actionnaire ne peut se retirer
avant d'avoir libéré son action ; et par suite, la clause qui
libère le souscripteur avant la libération légale, ne saurait
avoir d'effet ; mais celle qui attribue de plein droit à la
société le montant des premiers versements n'a rien de
contraire à la loi. C'est une clause pénale conforme à
l'esprit des art. 1226 et suiv, du Code Napoléon.

Cette loi prohibe encore un autre usage, celui de souscriptions conditionnelles avec faculté de remboursement. Cela avait lieu surtout pour le cautionnement de
certains employés. Comme garantie, ils souscrivaient un
certain nombre d'actions sous la condition que, s'ils per-
daient leur place, on leur rendrait la valeur de leur
souscription ; aujourd'hui, comme chacun est tenu du
montant de son engagement, sans qu'aucune stipulation
puisse le libérer, ce remboursement ne pourra s'effectuer ; l'employé, en se retirant, gardera l'action par lui
souscrite, comme équivalent de la somme qu'il a versée.

Nous avons vu jusqu'où s'étend la responsabilité d'un
souscripteur d'actions depuis la loi de 1856. Il ne resulte
pas de là que l'actionnaire ne puisse céder son titre,
quoique non entièrement libéré. Mais il fallait éviter les
dangers que nous avons déjà signalés, par suite de la
trop grande facilité avec laquelle s'opérerait une pareille
négociation, dans les débuts de la société ; il fallait arrê-

---

(3) Rej., 2 août 1853. — M. Tropl., n° 179.

ter la fièvre d'agiotage qui s'était emparée de tous, et menaçait l'avenir des sociétés. La loi a donc restreint cette faculté de négociation dans de certaines limites. Ainsi l'art. 3 ajoute : « Les actions ou coupons d'actions ne sont négociables qu'après le versement des deux cinquièmes. » C'est, du reste, ce qui avait déjà lieu dans les compagnies anonymes de chemins de fer (lois du 15 juillet 1845 et du 10 juin 1853).

La loi emploie l'expression *négociable*, ce qui restreint sa prohibition à la négociation commerciale et non à la cession civile. Il y a, en effet, une grande différence entre ces deux modes de transmission. La promesse d'action résultant d'un versement incomplet donne au souscripteur un droit conditionnel, il est vrai, mais parfaitement déterminé; or, tout droit de cette nature est transmissible par les voies civiles, telles que donations, successions, cession authentique ou sous seing privé. Ce que la loi a voulu prohiber, ce sont les formes expéditives de la cession commerciale, telles que la vente à la Bourse, suivie d'une simple inscription de transfert, et surtout la simple tradition de la main à la main, qu'on emploie pour l'action au porteur. La disposition de notre article s'appliquera également à un autre mode de transmission commerciale, l'endossement, qui se présente dans les cas rares où les actions sont émises sous la forme d'effets *à ordre* (1).

____

(1) M. Bravard, *Traité de dr. com.*, I, p. 265.

CHAPITRE II.

DES CONSÉQUENCES DE L'INEXÉCUTION DES CONDITIONS PRESCRITES.

SECTION Iʳᵉ. — *Nullité du contrat.*

Il ne suffit pas à la loi de poser des règles ; elle veut les faire respecter. La première sanction portée contre la violation de ces dispositions, c'est la nullité ; nous allons voir à quoi s'applique cette nullité, et quelles en sont les conséquences.

Sous l'empire du Code de commerce, la peine de la nullité n'était édictée que dans deux cas : 1° pour le défaut d'acte écrit ; 2° pour le défaut de publication ; la loi de 1856 ajoute beaucoup d'autres causes de nullité qui toutes se rattachent aux conditions que nous venons d'étudier en détail ; savoir, la souscription de tout le capital et le versement du quart au moins de l'action souscrite, la constatation de ces deux faits par acte notarié, la vérification en assemblée générale des apports en industrie, la formation régulière d'un conseil de surveillance, enfin toutes celles relatives à la forme et à la nature des actions ; ainsi, le taux *minimum* de cent ou cinq cents francs, la personnalité de l'action, jusqu'à son entière libération. « Est nulle et de nul effet, dit l'art. 6, à l'égard des intéressés, toute société en commandite constituée contrairement à l'une des prescriptions énoncées dans les articles qui précèdent. »

Les termes de la loi sont formels ; les art. 1 à 6 doivent donc tous être exécutés, sous peine de nullité. Pourtant, à propos de l'art. 3, se présente une difficulté sur laquelle les auteurs sont en désaccord. On se demande ce qui peut être une cause de nullité ; serait-ce la clause que les associés ne seront pas responsables de toute leur mise, ou que les actions seront négociables avant le versement des deux cinquièmes ? Serait-ce le fait même d'avoir négocié de pareilles actions ? Voici comment nous interpréterons la loi. La première partie de notre article, celle qui s'occupe de la responsabilité du souscripteur, porte en elle-même une règle et la sanction de cette règle. Tout souscripteur est engagé dans toute l'étendue de sa souscription, telle est la règle ; toute stipulation qui le relèverait de cette responsabilité est nulle, telle est la sanction ; l'art. 6 n'avait donc plus à s'occuper de cette disposition.

Quant à la seconde partie de notre article, le fait d'avoir négocié des actions ne peut être compris dans les causes de nullité de l'art. 6, car il résulte des termes de cet article qu'il ne s'applique qu'à la constitution même de la société et non pas aux faits illégaux qui peuvent se produire, une fois la société régulièrement constituée. La clause portant que les actions seront négociables avant le versement des deux cinquièmes serait donc seule une cause de nullité pour la société.

La disposition de l'art. 6 reproduit à peu près les termes de l'art. 42. Le principe en est le même, nous pouvons donc étudier en même temps les effets de la nullité qu'ils prononcent l'un et l'autre, au point de vue des personnes et au point de vue de leur étendue.

Entre quelles personnes la nullité produit-elle ses effets ? La loi dans les deux textes répond : « A l'égard des intéressés. » Ainsi, pourront se prévaloir de l'inexécution des conditions requises, tous ceux qui y auront intérêt. Ce sont d'abord les associés eux-mêmes. Si donc les gérants réclament aux commanditaires le versement de leur mise, ou toute autre exécution des obligations par eux souscrites, ceux-ci pourront opposer la nullité de la société. Par contre, les commanditaires pourront réclamer les sommes qu'ils ont versées, et les gérants ne pourront leur opposer les termes du contrat, puisqu'à leur égard le contrat est nul. Au nombre des intéressés viennent encore tous les ayants cause à titre universel des associés, car pour eux ils sont censés parties aux actes, dans la personne de leurs auteurs ; enfin les créanciers personnels des associés, en vertu de l'action du chef de leur débiteur, que leur confère l'art. 1166 du C. Nap.

Mais la loi ajoute que cette nullité ne pourra être opposée aux tiers par les associés. Cela veut dire que les tiers ne devront pas souffrir de l'inexécution des conditions et qu'ils pourront à leur gré considérer la société comme ayant ou n'ayant pas existé. Ainsi, les créanciers de la société non légalement publiée pourront, pourvu qu'ils soient de bonne foi, faire saisir le fonds social, poursuivre les gérants sur leur fortune personnelle et les commanditaires sur le montant de leur souscription, sans que ces associés puissent leur opposer la nullité de la société. Rien de plus simple jusque-là. La grande difficulté est de savoir ce que la loi entend ici par tiers. En effet, en droit commun les tiers par opposition aux parties sont ceux qui n'ont pas figuré au contrat; mais il peut arriver que, sans avoir été partie contractante, on ne puisse jouir du droit que la loi accorde aux tiers; tels sont les ayants cause à titre universel et les créanciers personnels qui invoquent le bénéfice de l'art. 1166, que nous avons déjà mis au nombre des intéressés. Parmi les tiers nous rangerons donc d'abord les créanciers personnels de la société : il est juste que la nullité ne leur porte pas préjudice ; puis les créanciers personnels des associés qui invoquent l'art. 1167 C. Nap., car ils agissent en vertu d'un droit qui leur est propre.

Réglons donc, d'après ces principes, quelques conflits qui pourraient s'élever. Supposons un créancier personnel d'un des associés en concours avec un créancier de la société. Le premier invoque la nullité pour faire rentrer dans le patrimoine de son débiteur la mise que celui-ci a versée ; le second pourra avec raison faire maintenir le contrat comme valable et comme ayant pour effet de soustraire la valeur de cette mise au gage du créancier personnel de l'associé. Le créancier personnel est en faute de s'être remis à la foi de son débiteur ; si la société était valable, il devrait subir cette diminution ; le créancier social ñe doit donc pas souffrir du défaut de validité du contrat ; à son égard, la mise versée fait bien et dûment partie du fonds social. Mais si la mise, au lieu d'être versée, était encore due par l'associé, ou si cet associé était poursuivi en sa qualité de gérant, comme responsable, alors le créancier social ne viendrait que comme créancier de l'associé, et par suite il devrait concourir avec les autres créanciers personnels de ce dernier (1).

______

(1) R-j., 13 fév. 1855.

Voyons maintenant quelle sera la portée de la nullité.
Les effets peuvent s'en produire pour l'avenir ou pour le
passé. Pour l'avenir, pas de difficulté, le contrat est sans
valeur, nul lien ne subsiste plus entre les parties : mais
il peut se faire que la société ait fonctionné pendant
quelque temps, que des rapports de fait aient eu lieu
entre les associés et avec des tiers, que des pertes ou des
bénéfices soient survenus ; faudra-t-il ne tenir aucun
compte des faits accomplis et faire complète abstraction
du passé ? Une doctrine et une jurisprudence constantes
décident que la société qui a eu lieu sinon en droit, du
moins en fait, doit donner lieu à une liquidation, à des
règlements d'équité ; mais on a voulu établir une différence entre les termes de la loi de 1856 et ceux de l'art. 42.
Ce dernier article prescrit simplement les conditions qu'il
énumère à peine de nullité, tandis que notre art. 6 dit
positivement : « Est nulle et et de nul effet toute société,
etc. » On a cherché à expliquer la rigueur plus grande
de la loi nouvelle en ce qu'elle pose des conditions sub-
stantielles dont elle veut sévèrement garantir l'exécution,
tandis que l'art. 42 contient de simples règles de forme
indépendantes de la constitution même de la société. On
en conclut que, pour appliquer la sanction de la loi nouvelle, il faut faire abstraction complète de tout ce qui a
pu se passer entre les prétendus associés ; qu'il y a donc
lieu à répétition intégrale de la part de ceux qui ont fait
des versements ; en un mot, que c'est le cas d'appliquer
la *condictio sine causa* des Romains (1). Suivant nous, c'est

---

(1) M. Bravard.

aller beaucoup trop loin ; qu'il n'y ait pas de société, fort bien; mais nous ne poserons pas en principe absolu que les choses doivent se passer comme s'il n'y avait eu rien de fait. Il y aura toujours lieu à une liquidation, dans laquelle on devra tenir compte des circonstances et appliquer les principes généraux du droit, tout aussi bien que pour les nullités relatives aux prescriptions de l'article 42.

Il résulte de ce caractére absolu de la nullité qu'elle est d'ordre public, et par suite qu'elle ne pourrait être couverte ni par une ratification postérieure, ni par une exécution volontaire. C'est, du reste, ce qu'on a toujours admis à propos de l'art. 42. Nous en conclurons que, relativement à la nullité elle-même, il ne saurait y être question de prescription; nous ne comprendrions pas, en effet, une action directe en nullité du contrat de société, car un acte qui n'a pas eu de vie dès le principe ne peut jamais acquérir une existence légale; il serait donc impossible de lui enlever cette existence qu'il n'a pas. La question ne pourrait avoir d'intérêt qu'au point de vue de la répétition des sommes indûment versées ; et ici, nous appliquerions les principes généraux, c'est-à-dire, la prescription de trente ans dont s'occupe l'article 2262 du Code Napoléon. Ainsi, en pareil cas, un souscripteur ne pourrait jamais être contraint au versement de sa mise, mais il pourrait répéter ce qu'il a payé pendant trente ans à partir du versement.

SECTION II. — *Pénalités*.

Nous renvoyons à la fin de ce travail les questions qui

peuvent s'élever à propos des nouvelles dispositions pénales introduites par la loi du 17 juillet 1856. Cette loi a voulu intimider les spéculateurs de mauvaise foi en donnant le caractère de délits, aux infractions qui seraient faites à ses dispositions. En conséquence, l'émission d'actions effectuée contrairement aux art. 1 et 2 entraîne un emprisonnement de huit jours à six mois et une amende de 500 fr. à 10,000 fr.; ou l'une de ces peines seulement. De plus, la même amende est encourue par quiconque aurait négocié ou publié des actions ou seulement la valeur de ces actions en violation des art. 1, 2 et 3 de cette loi (art. 11, 12 et 13 de la loi du 17 juillet 1856).

TROISIÈME PARTIE.

De l'administration de la société en commandite.

La société s'est organisée, elle est constituée et réunit toutes les conditions exigées par la loi; maintenant elle va fonctionner, opérer. Nous allons voir en présence les deux classes d'associés, chacun dans leur rôle actif ou passif : d'une part les commandités, d'autre part, les commanditaires; les uns responsables et ayant droit à la gestion, les autres engagés pour leur mise seulement et exerçant leur contrôle dans les assemblées générales et au moyen du conseil de surveillance. Nous étudierons donc l'administration sous quatre chapitres traitant : 1° des commandités; 2° des commanditaires; 3° du conseil de surveillance; 4° de l'assemblée générale.

CHAPITRE I.

DES COMMANDITÉS.

SECTION Ire. — *Des commandités non gérants.*

Nous connaissons le rôle des commandités dans la société; ils y figurent comme des associés en nom collectif. Leurs obligations se résument dans la responsabilité qu'il encourent solidairement de toutes les dettes de la société (art. 24, Cod. com.). Cette solidarité est tellement essentielle que les associés ne pourraient s'en affranchir par une clause expresse des statuts; mais les tiers pourraient renoncer à s'en prévaloir. L'idée de cette solidarité repose sur la présomption d'un mandat réciproque, intervenu entre les associés, de s'obliger envers les tiers. Il faudra donc appliquer les règles de la solidarité proprement dite contenues dans les art. 1203 et suivants du Code Napoléon.

Les droits des commandités consistent dans la vocation de tout associé aux bénéfices, et particuliérement dans la faculté d'être chargés de la gestion. C'est en effet parmi eux seuls que peuvent être pris les administrateurs délégués pour représenter la société. S'il s'en trouve qui ne soient pas investis de cette mission, leur rôle est pour ainsi dire passif; aussi, la plupart du temps, les deux qualités de commandité et de gérant se trouvent réunies dans les mêmes personnes.

SECTION II. — *Des commandités gérants.*

Trois questions se présentent à ce sujet: Comment s'organise la gérance, — quels sont les pouvoirs des gérants, — quelles sont leurs obligations? Nous allons y répondre successivement.

§ 1er. — Le l'organisation de la gérance.

La société est une personne morale qui ne peut agir par elle-même, il faut qu'elle soit représentée par des administrateurs. Ces gérants doivent être pris parmi les associés en nom, puisqu'il est défendu aux commanditaires de faire aucun acte de gestion, et le commandité, quand il est revêtu de ce caractère, a en lui deux qualités distinctes et indépendantes l'une de l'autre; il est tenu comme gérant autrement que comme commandité.

Le gérant peut être nommé par les statuts ou par une décision postérieure. Dans le premier cas, le mandat qu'il reçoit fait partie essentielle du contrat, et le gérant est dès lors irrévocable, tant qu'il exécute fidèlement son mandat (art. 1856, Cod. Nap.). Mais il peut être destitué pour causes légitimes, telles que malversations ou incapacité. Tous les associés, même les simples commanditaires, ont le droit de demander sa destitution, car ils sont tous ses mandants; s'il s'élève des contestations, elles sont du ressort des tribunaux de commerce.

Nous n'hésitons pas à dire que les statuts pourraient donner à l'assemblée générale le pouvoir de révoquer le gérant, car le mandat n'est valable que dans les

limites même du contrat, et, pourvu que la société
continue toujours à être représentée, peu importe la
personnalité du représentant, car ce n'est pas là un des
éléments de la société (1) ; du reste, nous aurons à prouver plus tard que ce fait ne constitue pas les commanditaires en faute d'immixtion.

Si les statuts gardaient le silence sur l'administration,
il faudrait procéder postérieurement à la nomination
d'un gérant: dans ce cas, le mandat donné au gérant ne
faisant plus partie du contrat, serait révocable, comme
tout mandat. Ce sont les propres termes de l'art. 1856,
Code Napoléon.

La destitution d'un gérant pour cause légitime entraî-
nerait-elle la dissolution de la société? Nous ne le pensons pas, à moins qu'il n'y ait une clause en ce sens. En
effet, nous venons de le dire, l'administration est sans
doute un des éléments de la société, mais il n'en est pas de
même de la personne du gérant. Le mandat donné contient en lui-même implicitement la condition de révocation en cas de malversation. Sans doute il arrivera la
plupart du temps que la dissolution de la société résul-
tera de la révocation, par suite des difficultés survenant
dans les affaires ; mais on ne pourrait dire que la destitution dans ce cas soit la cause directe de la dissolution (2).

§ 2. — Des pouvoirs du gérant.

A cet égard, les statuts sont la loi des parties ; ils dé-

----

(1) Cass., 9 mai 1860.
(2) Même arrêt.

terminent ordinairement les pouvoirs de l'administration, et doivent être respectés pour tout ce qui n'est pas illégal.

Si les statuts ne s'expliquent pas à ce sujet, les gérants sont comme investis tacitement d'une procuration générale à l'effet d'administrer. Il faudra donc appliquer les principes du droit commun en matière de mandat; en remarquant toutefois que le gérant, outre qu'il est mandataire, est lui-même associé, qu'il gère ses propres intérêts en même temps que ceux de ses mandants, ce qui ajoute à ses pouvoirs. C'est donc lui qui fait valoir les capitaux, qui dirige l'entreprise, qui choisit et remplace les employés. Nul doute qu'il ne puisse emprunter, acheter pour le compte de la société, transiger et compromettre dans la limite de ses pouvoirs d'administrer; mais il ne pourrait, à défaut d'un pouvoir spécial, faire des actes de disposition tels que des aliénations d'immeubles ou des souscriptions d'hypothèques sur les biens de la société, ce serait excéder la mission de l'administration la plus étendue. Remarquons ici que le gérant qui tient sa qualité des statuts ne peut être, par suite de l'irrévocabilité de son mandat, en aucune façon arrêté par l'opposition des autres associés, tandis que, s'il a été nommé postérieurement, il doit respecter la volonté de ses associés en admettant, bien entendu, que ceux-ci soient en nom collectif (art. 1856).

Examinons maintenant quelle est, pour la société, la conséquence des actes faits par le gérant. Comme tout mandant, elle est obligée par tous les actes qu'a faits son mandataire dans la limite de ses pouvoirs, que ces actes lui soient avantageux ou préjudiciables. Que si le gérant a contracté au nom de la société en dehors de ses pouvoirs, ainsi, s'il a contracté un emprunt contrairement aux statuts, la société n'est pas tenue, sauf pourtant si elle a profité, cas auquel le créancier aurait contre elle une action directe, dans la limite de son profit (1).

La raison sociale étant la signature de la société, toutes les fois que le gérant l'emploie, il contracte pour le compte commun. S'il n'avait pas employé la raison sociale, ce serait une question de fait de savoir s'il a contracté au nom de la société (2); mais si, au contraire, le gérant avait signé sous la raison sociale, la société serait-elle recevable à prouver que l'engagement n'intéressait que le gérant, et que, par suite, elle ne doit pas être tenue? Une jurisprudence constante a toujours décidé la négative, dans un but louable de protection envers les tiers (3).

§ 3. — Des obligations des gérants.

Le gérant, avons-nous dit, réunit en sa personne deux qualités différentes : celle d'associé en nom et celle d'administrateur. Comme associé en nom, il est obligé sur ses biens personnels pour toutes les dettes de la société : nous n'avons pas à revenir sur ce point; comme administrateur, il est soumis à des obligations spéciales dérivant des principes du mandat.

En général, il doit aux affaires de la société tous les soins d'un bon administrateur; il n'est tenu que de son dol et de sa faute grave (art. 1856, C. Nap.).

---

(1) Grenoble, 17 juillet 1854.
(2) Cass., 17 mars 1834.
(3) Cass., 11 mai 1836, 24 juin 1853.

Spécialement, il est soumis à certaines obligations résultant de son rôle dans la société. Ainsi, s'il est nommé par les statuts, c'est lui qui doit exécuter toutes les prescriptions de la loi, relativement à la publication de l'acte et aux déclarations qui l'accompagnent, à la convocation des assemblées pour la vérification des apports, à la souscription du capital, à l'émission et à la forme des actions, à la convocation du conseil de surveillance.

Pendant le cours de la société, c'est lui qui est à la tête de la maison de commerce. En cette qualité, il tient les livres obligatoires ou non ; il dirige toutes les opérations ; il rédige les inventaires, comme doit le faire tout commerçant ; il est soumis à la surveillance de ses coassociés et doit leur rendre compte de sa gestion.

Dans les sociétés en commandite par actions, cette obligation de rendre compte est précisée par la loi. Le gérant est obligé, à des époques périodiques, de présenter au conseil de surveillance et à l'assemblée générale des actionnaires un rapport détaillé sur l'état des affaires sociales, contenant l'inventaire et les propositions relatives à la distribution des dividendes. Le conseil de surveillance fait lui-même un rapport, qu'il soumet à l'approbation de l'assemblée. La loi a voulu prévenir les abus considérables que la pratique avait signalés par suite de la confection d'inventaires frauduleux et de la distribution de dividendes non justifiés par l'excédant de l'actif sur le passif. Il y avait là un danger imminent pour les actionnaires trompés sur la valeur réelle de leur placement, et pour les tiers qui, sur la foi d'une prospérité mensongère, pouvaient prendre des actions ou prêter des capitaux à la société. Trop souvent on avait

vu les gérants spéculer sur la hausse momentanée des actions, et s'enrichir de la façon la plus scandaleuse. La loi
devait donc prendre contre eux des mesures de prudence,
et les soumettre à une vigilance active et éclairée.

Pour être sincères, les inventaires doivent présenter
exactement l'état de l'actif et du passif, et établir une
balance formant le bilan de la caisse. L'application de
cette règle n'est souvent pas facile. La société n'a pas
toujours en main des valeurs liquides, et telle estimation
donnée au moment de la confection de l'inventaire n'est
déjà plus exacte au moment du rapport; dans ces cas,
il faudra prendre une moyenne calculée d'après le prix
de revient et le chiffre des revenus. Quant aux dividendes, comme ils représentent des bénéfices, ils ne doivent
porter que sur l'excédant de l'actif. Du reste, nous reviendrons sur ce sujet (1).

La sanction naturelle de ces obligations, c'est la responsabilité encourue par tout administrateur qui n'ac-
complit pas fidèlement sa mission. Cette responsabilité
est indépendante de celle qu'il subit en sa qualité d'associé en nom. Ce dernier, en effet, n'est tenu qu'à l'é-
gard des tiers des dettes de la société; il ne doit rien aux
commanditaires, qui supportent les pertes dans la limite
de leur mise. Le gérant est de plus mandataire : il doit
donc désintéresser les associés des pertes qu'il leur a
causées par sa faute. Ainsi, il répond à leur égard des
conséquences de la nullité prononcée pour violation des
prescriptions de la loi, du préjudice provenant pour

____

(1) Voy. page 84.

eux des inexactitudes commises dans les inventaires ou de la distribution de dividendes fictifs, etc.

Lorsqu'il n'y a qu'un seul gérant, lui seul est responsable ; lorsqu'ils sont plusieurs, ils sont, comme commandités, tenus solidairement des obligations de la société ; mais, comme gérants, ils ne répondent que de leur fait personnel. Sans doute, la plupart du temps, ils seront réciproquement responsables des faits de leurs cogérants, pour avoir négligé de surveiller mutuellement leurs opérations ; mais c'est encore là un fait personnel, et nulle part la loi ne leur inflige une responsabilité résultant de plein droit de ce que leurs collègues ont commis des malversations. Une telle rigueur serait contraire à tous les principes de responsabilité. Ce sera donc une question de fait laissée à l'appréciation des tribunaux.

Il peut arriver, nous l'avons admis, qu'un gérant soit remplacé au cours de la société. Ici encore, il faudra faire les mêmes distinctions. Le nouvel administrateur, comme commandité, est tenu de toutes les dettes, passées et futures ; comme gérant, il ne répond que de son fait personnel : les conséquences de la mauvaise gestion de son prédécesseur lui restent étrangères, pourvu qu'il ne s'y associe pas en négligeant de les signaler ou d'y porter remède.

Nous verrons, à la fin de ce travail, que la loi ne se contente pas d'infliger aux gérants une grave responsabilité. Les abus étaient si fréquents et si funestes, surtout dans les sociétés en commandite par actions, que la loi a dû s'armer de rigueur et prononcer des pénalités sévères contre les fraudes commises par les administrateurs de ces sortes de sociétés.

CHAPITRE II.

DES COMMANDITAIRES.

Nous allons examiner, dans deux sections différentes, d'abord à quoi sont obligés les commanditaires, en second lieu quels sont leurs droits.

SECTION Ire. — *Des obligations des commanditaires.*

Ces obligations sont relatives à deux points principaux : le versement de la mise, et la défense de s'immiscer dans les actes de gestion.

§ 1er. — Du versement de la mise.

L'obligation dérivant directement de la qualité de commanditaire est celle de payer l'apport. Nous avons vu que la société ne pouvait être constituée qu'après un payement effectué d'un quart au moins de la mise (art. 1er, loi de 1856). Quant à la responsabilité, elle s'étend sur le versement intégral de cette mise (art. 3, même loi). D'après les principes généraux, les intérêts de la mise courent de plein droit dès que la mise est exigible, et des dommages-intérêts pourraient même être dus en outre de l'intérêt légal (art. 1846, C. Nap.). — La mise est exigible aux termes fixés pour son payement; elle l'est, indépendamment de ces époques, dès que la société est en faillite (1). Comme toute autre dette, la dette

____

(1) Paris, 23 juin 1859.

de la mise peut être compensée par une créance contre la société (art. 1289, C. Nap.), sauf pourtant au cas de faillite de la société, si la cause de compensation est postérieure à la cessation de payement, car la faillite est un obstacle à la compensation.

La responsabilité du commanditaire relativement au payement intégral de sa mise a été créée par la loi dans un but de protection pour les tiers. Ceux-ci ont en effet pour gage la solvabilité personnelle de chacun des commandités et la mise des commanditaires ; lors donc que ces derniers ont effectué leur versement, ils sont complétement libérés et n'ont plus rien à craindre.

Mais s'ils restent encore débiteurs d'une portion de leur mise, contre qui les tiers auront-ils action ? Evidemment, ils auront l'action récursoire de l'art. 1166 ; en leur qualité de créanciers de la société, ils pourront exercer l'action de la société contre les commanditaires pour les forcer à se libérer. Ne pourrait-on pas leur accorder en outre le droit de faire directement des poursuites contre les commanditaires ? Cette question est fort grave ; elle présente de l'intérêt à plusieurs titres. En effet, si les tiers ont l'action directe, les commanditaires ne pourront leur opposer aucune exception du chef des gérants, comme ils en auraient le droit en cas de poursuite indirecte. De plus, avant 1856, la juridiction était différente dans les deux cas. S'agissait-il d'une action indirecte, comme les contestations entre les associés étaient soumises à l'arbitrage forcé, c'était devant les arbitres que le débat s'agitait ; l'action directe était intentée devant les tribunaux de commerce ; mais cette distinction n'existe plus depuis la suppression de l'arbitrage forcé par la loi du 13 juillet 1856.

Dans l'ancien droit, on déclarait que, pendant l'existence de la société, il ne pouvait y avoir de rapports qu'entre les commanditaires et le gérant ; par suite, aucune action des tiers contre les commanditaires (1). Il y avait à cela deux raisons : d'abord, la commandite n'avait pas de raison sociale, et le gérant n'agissait qu'en son propre nom ; de plus, la commandite n'était soumise à aucune publicité, ce qui mettait les commanditaires à l'abri de toute poursuite extérieure.

Aujourd'hui, les mêmes motifs n'existent plus, puisque la société a une raison sociale et qu'elle doit être publiée ; pourtant, le système exclusif de l'action indirecte trouve encore des défenseurs. Voici les principaux arguments sur lesquels on se fonde dans cette opinion. La commandite repose essentiellement sur la distinction des personnes et des choses. Le commanditaire n'entre pas en société, il ne fait que s'obliger vis-à-vis de ses associés à y verser ses capitaux ; on ne peut regarder le gérant comme son mandataire, car, dans le mandat, la personne représentée ne fait faire par autrui que ce qu'elle pourrait faire elle-même : or, il est interdit aux commanditaires de s'immiscer dans la gestion. Ces derniers sont, il est vrai, soumis à supporter les pertes jusqu'à concurrence de leur mise (art. 26, C. comm.); mais un règlement de pertes ne peut avoir lieu qu'entre associés, et les termes mêmes de cet article repoussent toute idée d'obligation envers des étrangers (2).

Le système de l'action directe nous semble préférable.

---

(1) Pothier, *Société*, nos 101 et suiv.
(2) Delvincourt, *Dr. comm.*, II, p. 46. — Delangle, I, no 279.

Dès que le gérant emploie le nom social pour contracter, il déclare bien positivement qu'il contracte, non pas en son seul nom, mais aussi au nom de ses associés ; il avertit les tiers qu'ils pourront compter sur le montant des engagements souscrits par ces derniers. Tel est le but de la publication prescrite par la loi ; à l'acte de société, à la déclaration des versements effectués est jointe la liste des souscripteurs. A quoi servirait cette formalité, si ce n'était à faire connaître aux tiers le montant des sommes qui doivent former leur gage? En vain soutient-on que la contribution aux pertes dont parle l'art. 26 du Code de commerce n'a trait qu'aux rapports entre associés ; nous répondrons qu'en effet dans cet article la loi ne s'occupe que des rapports intérieurs, mais qu'elle ne règle pas la portée de l'obligation des commanditaires à l'égard des tiers, ce qui laisse la question intacte. Enfin, on peut dire que le gérant est un mandataire à l'effet d'obliger ses commanditaires, et de les obliger directement. Il n'est pas rare de voir un mandataire investi de pouvoirs plus étendus que ceux de son mandant : ainsi, un avoué est bien le mandataire de la partie, et pourtant la partie ne pourrait remplir son office. La question, du reste, a été soulevée au conseil d'État, et nous ne faisons qu'indiquer les arguments qui ont fait triompher le système de l'action directe (1).

Quant à la jurisprudence, elle présente de nombreuses divergences, mais elle paraît incliner en faveur de l'opinion que nous adoptons (2).

---

(1) MM. Troplong, n° 832 ; Pardessus, n° 1034.

(2) Dans le sens de l'action directe. Aix, 10 mars 1820 ; Rouen, 21 déc. 1841 ; Req., 30 juin 1851. — *Contra*, Paris, 24 août 1833 ; Douai, 11 juill. 1846.

Une question importante et fort débattue, c'est de savoir si les actionnaires en retard de payer le montant de leur action sont, pour cette obligation, soumis à la contrainte par corps. Nous avons admis que les créanciers de la société avaient contre eux une action directe, mais nous n'irions pas jusqu'à soumettre des souscripteurs d'actions à cette rigueur. Toute la question repose sur un point : savoir, si la souscription d'une action dans une société en commandite peut être qualifiée d'acte de commerce. On a dit que c'était faire un acte de commerce que d'appliquer des capitaux à l'exercice de l'industrie, de faire fructifier son argent par des opérations commerciales ; mais il nous paraît bien difficile d'admettre une telle doctrine : il faut en pareille matière considérer l'intention du souscripteur ; or, maintenant surtout que l'action est si répandue dans la fortune publique, est-il présumable que des individus, fort étrangers d'ailleurs au commerce, des paysans, des ouvriers, des fonctionnaires, aient cru s'engager commercialement en plaçant leurs fonds dans une société en commandite et encourir une pareille rigueur ? Ce serait porter atteinte au principe de l'impersonnalité des commanditaires et écarter les souscripteurs (1).

La mise de chaque commanditaire, une fois versée dans le fonds commun, cesse de lui appartenir ; elle devient la propriété de la personne morale et le gage des créanciers de cette personne morale ; elle ne peut plus être restituée qu'après la liquidation et le désintéressement des créanciers. Ceux-ci auraient donc une action contre

____

(1) M. Delangle, 1, 313. — Pardessus, v, n° 1510. — Paris, 22 déc. 1846. — Dijon, 4 août 1857.

le commanditaire en cas de retrait de mise, effectué avant cette liquidation. Les autres associés eux-mêmes auraient cette action en retrait; en effet, ils ont droit d'exiger un concours aux pertes de la part de tous et de faire partager les charges à leurs coassociés pour être déchargés d'autant.

Quelquefois, au moment de la dissolution d'une société, les associés conviennent d'en reconstituer une autre, en laissant, à titre d'apport, leurs mises primitives augmentées des dividendes non perçus, et, par suite, sans effectuer de versement nouveau, quoique le nouvel acte de constitution annonce un capital déterminé. Supposons que les créanciers soutiennent que le versement n'a pas été fait en espèces et poursuivent les associés pour le montant de leur souscription; leur prétention serait mal fondée, si les valeurs composant la masse primitive étaient d'un recouvrement certain, et que ces valeurs eussent été vérifiées dans les assemblées préparatoires; en effet, peu importe la nature et l'origine de l'apport, pourvu qu'il existe. Il en serait autrement si la société précédente ne laissait pas un résultat d'affaires assez nettement établi, car on ne peut admettre comme apport des valeurs indéterminées, de simples expectatives.

Nous ferons remarquer, en terminant cette matière, que l'obligation essentielle de fournir toute la mise n'a lieu qu'à l'égard des tiers. Toute stipulation est libre entre les associés, pourvu qu'elle n'affranchisse pas la mise de l'un d'eux de toute contribution aux pertes. Il pourrait même en résulter un recours du commanditaire contre le gérant, dans le cas où les pertes auraient absorbé la mise au delà de ce qui avait été convenu.

§ 2. — De la défense de s'immiscer dans la gestion.

Nous avons déjà vu les causes de cette prohibition. Les commanditaires ne sont tenus que jusqu'à concurrence de leur mise; les tiers n'ont contre eux aucune action au delà; aussi leur serait-il très-préjudiciable d'être trompés sur la qualité de l'un d'entre eux et de compter sur sa solvabilité, tandis qu'il ne serait que commanditaire. Nous lisons dans le projet de loi proposé lors de la confection du Code, la relation d'abus considérables qui s'étaient déjà produits à cet égard. Des spéculateurs mettaient en avant un homme de paille pour masquer leur personnalité, et, sous un nom inconnu, ils pouvaient ainsi se livrer sans danger à toutes sortes d'opérations, profiter de tous les bénéfices, et, en cas de faillite, abandonner aux créanciers un fonds nul et un gérant insolvable. La loi a voulu prévenir ces abus, et l'art. 27 du Code de commerce défend aux commanditaires deux choses distinctes : 1° de faire aucun acte de gestion; 2° d'être employés aux affaires sociales, même en vertu d'un mandat. Nous examinerons, sous deux divisions différentes, le caractère et les effets de cette double prohibition.

I. *A quoi s'applique la défense de s'immiscer.*

1° Défense de faire aucun acte de gestion.

Qu'est-ce qu'un acte de gestion? En théorie, rien de plus facile à définir : tout ce qui entre dans les attributions d'un gérant pour remplir l'objet de la société est compris dans ce mot; mais l'application du principe est difficile, et ce sont toujours des questions de fait. Or, les faits sont innombrables; nous n'essayerons donc pas d'entrer dans les détails de la pratique.

C'est surtout à l'égard des tiers que l'immixtion est prohibée; c'est eux que la loi veut protéger, et l'on peut poser une formule générale d'après un avis du conseil d'État, rendu le 9 mai 1809, qui décide que les art. 27 et 28 du Code de commerce ne sont applicables qu'aux actes que les associés commanditaires font en *représentant comme gérants* la maison commanditée, même par procuration. Il y a donc immixtion toutes les fois qu'ils participent directement et ostensiblement vis-à-vis des tiers aux actes d'administration. Précisons bien la position : du moment qu'aux yeux des tiers le commanditaire peut passer pour gérant, il s'est immiscé; ainsi, prend-il part aux achats, ventes, baux, emprunts ou autres conventions, il viole la loi; si, au contraire, il se présente avec sa qualité de commanditaire dans toutes ses opérations, c'est-à-dire avec son droit de conseil et de surveillance, toutes les fois enfin que les tiers ne peuvent s'y méprendre, il reste dans son rôle et n'encourt aucune responsabilité.

Mais l'immixtion pourrait résulter de la part que les actionnaires auraient prise ou se seraient réservée dans l'administration intérieure. Sous ce rapport, leur rôle doit se borner à un simple contrôle ; ils peuvent donc se tenir au courant de la marche de la gestion, veiller à la conservation de la propriété commune, empêcher que les gérants ne se livrent à des opérations défendues par les

statuts, telles que des achats ou ventes à terme; inspecter
les livres, les magasins (1), la caisse elle-même (2). Ces
droits ont d'ailleurs été sanctionnés par l'établissement
du conseil de surveillance, comme nous allons le voir.
Mais tous les actes qui seraient en dehors de l'exercice
d'une surveillance étendue compromettraient leur caractère; ainsi, s'ils voulaient diriger les ouvriers, les employés, leur donner des ordres, tenir la caisse sociale, les
livres de commerce, modifier la distribution des lieux
occupés par la société, ils dépasseraient leurs pouvoirs et
violeraient la loi.

2° Défense d'être employé pour les affaires de la société.

Dans cette prohibition, la loi n'entend pas comprendre toute coopération aux travaux de l'entreprise. La
pensée de la loi est exprimée clairement dans le projet
de rédaction, qui n'a été modifié que pour l'élégance
de la forme; ce projet portait : « L'associé commanditaire ne peut faire aucun acte *de gestion, ni y être employé,* même en vertu de procuration ; » ce qui veut dire
que l'idée du législateur était d'empêcher que les commanditaires fussent attachés à la gestion, par exemple,
eussent la signature sociale pour faire certains actes, mais
qu'il leur laissait toute liberté pour être employés au
service de la société à tout autre titre. D'après cela, on a
décidé qu'un commanditaire pouvait être commission-

---

(1) Colmar, 4 fév. 1819.
(2) Bordeaux, 7 juin 1842.

naire pour le compte de la compagnie (1). Cette qualité, en effet, n'est pas incompatible avec la disposition qui l'éloigne de la gestion. Les tiers traitant avec lui ne se figureront pas qu'ils ont affaire à un gérant, car il est clair qu'un gérant ne pourrait être commissionnaire pour la société. Par la même raison, rien n'empêcherait qu'il fût attaché à la compagnie en qualité de commis (2).

Les rapides aperçus que nous avons donnés dans les deux numéros qui précèdent sont loin d'embrasser toutes les espèces qui peuvent se rencontrer. La jurisprudence en présente un grand nombre, qu'il serait intéressant d'étudier ; car dans toutes ces questions de fait, l'interprétation est toujours donnée d'après les circonstances mêmes de l'affaire ; mais il est visible que la jurisprudence tend à restreindre les cas d'immixtion pour laisser aux commanditaires plus de latitude dans l'exercice de leur surveillance, et aux sociétés des facilités plus grandes d'extension ; la pratique, en effet, a démontré que la sévérité était plus urgente à l'égard des gérants qu'à l'égard des actionnaires.

II. Des effets de l'immixtion.

La sanction naturelle de la défense de s'immiscer, c'est la responsabilité encourue par le commanditaire ; il a joué le rôle de gérant, ce rôle lui reste avec toutes ses conséquences. Il est, aux termes de l'art. 26, obligé solidairement avec les associés en nom collectif, pour *toutes* les

---

(1) M. Troplong, n° 434.
(2) Rej., 15 mars 1847.

dettes et engagements de la société. *Toutes les dettes*, la loi ne distingue pas : il faut donc en conclure qu'il répond même des dettes antérieures à son immixtion (1). Il eût été presque impossible de faire une ventilation entre les dettes ; c'est une responsabilité indéfinie, comme on le décidait déjà sous l'empire de l'ordonnance de 1673 (2).

Mais sa qualité n'est perdue qu'à l'égard des tiers ; vis-à-vis des gérants, il n'est pas tenu au delà de sa part ; il conserve toujours sa qualité de commanditaire. Quelques auteurs (3) et un arrêt (4) admettent, au contraire, une responsabilité absolue, même entre associés ; mais comment supposer des actes de gestion faits dans une société contre la volonté du gérant qui a tous les moyens possibles de faire cesser cette usurpation ? Admettons même que le gérant ne soit pas l'instigateur de l'immixtion, il en est responsable envers les créanciers, comme de tout ce qui se passe dans la société ; si donc ces derniers se sont fait payer par le commanditaire, celui-ci sera en droit de répéter contre le gérant tout ce qu'il a versé au delà de sa mise, et le gérant ne pourra lui opposer la responsabilité encourue, car la loi n'a établi cette responsabilité que pour protéger les tiers : elle laisse subsister le contrat entre associés ; entre eux, l'erreur est impossible. Enfin, on peut dire que le gérant ne devait

---

(1) M. Troplong, n° 439.
(2) Rej., 16 germ. an XI.
(3) M. Delangle, I, n° 412.—Bravard, *Tr. de dr. com.*, t. I, p. 249, à la note.
(4) Paris, 9 janvier 1836.

pas compter sur la faute d'un commanditaire pour alléger sa responsabilité (1).

Il ne faudrait même pas pousser trop loin les conséquences d'un simple acte d'immixtion, et dire que le commanditaire étant devenu commerçant par le fait, les créanciers sociaux pourraient provoquer contre lui une déclaration de faillite. Qu'on réfléchisse d'abord aux effets désastreux d'une pareille décision contre un actionnaire dont la position est peut-être incompatible avec le commerce, qui n'a probablement jamais songé à remplir les formalités imposées aux commerçants, telles que tenue de livres, publicité du contrat de mariage ; sa femme, ses créanciers vont se trouver tout à coup avec lui dans des rapports imprévus ; et puis cette faillite va lui faire perdre sa position présente et compromettre son avenir ; tout cela à cause d'un placement de fonds dans une société commerciale ! En vain dira-t-on que l'art. 28 assimile le commanditaire à un associé en nom ; en vain voudrait-on tirer contre lui la présomption légale qu'il est bien réellement gérant, et qu'il s'est trahi par le fait de son immixtion, il serait contraire à la loi de lui fliniger le caractère de commerçant. Cette qualité suppose trois conditions indispensables : l'exercice d'actes de commerce, l'exercice habituel, l'exercice professionnel de ces actes. Sans doute, un acte de gestion est un acte de commerce ; mais, par cela même qu'il est isolé, il n'est ni habituel ni professionnel, et il ne suffirait pas de dire que cet acte isolé fait présumer l'habitude et la profes-

___

(1) M. Troplong, n° 440. — Pardessus, iv, nᵒˢ 1038. — Lyon, 27 mai 1857

sion, il faudrait le prouver. Si cette preuve est fournie, à la bonne heure; l'associé est commerçant, il subit toutes les conséquences de sa qualité; sinon, il encourt la responsabilité personnelle, il est assimilé à un associé en nom, en tant que responsable; c'est une peine qu'il subit, mais une peine ne doit pas être interprétée avec une extrême rigueur (1).

Quant à la preuve même de l'immixtion, elle peut être faite par témoins, si elle doit résulter de faits postérieurs à l'acte de société; mais quant à l'interprétation des statuts de la société, et quant à la question de savoir si de leur contexte résulte de la part de tel associé qui y est dénommé l'intention d'être commandité et non commanditaire, c'est aux tribunaux à décider, sans que des témoins puissent être entendus pour prouver autre chose que ce qui est contenu dans l'acte (art. 1341, Cod. Nap.).

SECTION II.— *Des droits des commanditaires.*

Les commanditaires puisent dans leur qualité même d'associés, intéressés comme tels, aux opérations de la société, deux sortes de droits que nous allons examiner : la vocation au partage des bénéfices et le droit de surveiller, de contrôler l'administration des gérants.

§ 1ᵉʳ. — De la vocation au partage des bénéfices.

Partager les bénéfices produits par leur entreprise, tel est le but principal de ceux qui forment une société ;

---

(1) M. Pardessus, IV, 1037. *Contra.*— M. Delangle, nº 407.
127.   6

la difficulté consiste à déterminer ce qu'il faut entendre par les bénéfices.

Les bénéfices sont définis l'excédant de l'actif sur le passif, abstraction faite du capital. Or, on ne peut savoir si une société a réalisé des bénéfices ou subi des pertes, qu'à la dissolution de cette société. A la rigueur, les gains journaliers devraient être capitalisés au fur et à mesure, et le partage n'avoir lieu qu'à la fin ; mais ce mode de calcul n'est pas praticable, et personne ne voudrait se soumettre à voir son capital improductif pendant de longues années. Aussi, est-il dans l'usage de distribuer à des époques déterminées des bénéfices partiels, sous le nom de dividendes. Supposons donc pendant plusieurs années de semblables bénéfices distribués, puis des pertes survenant dans les années suivantes, et la société ne pouvant faire face à ses obligations. Si l'on faisait une balance rigoureuse, il faudrait faire figurer à l'actif tous les bénéfices réalisés par la société. Les actionnaires seront-ils donc forcés de rapporter les sommes qu'ils ont touchées, pour payer les tiers et décha ger d'autant la responsabilité des gérants ? C'est ce qu'on décidait généralement dans l'ancien droit, par le motif que les distributions périodiques des dividendes ne pouvaient être que provisoires et à titre précaire. Mais on est revenu sur cette opinion, à cause du peu de confiance qu'inspirerait une position pareille dans une société. Les tiers n'ont pas dû compter que les bénéfices seraient capitalisés, et les associés n'ont pas pu les tenir en réserve pour les rembourser en cas de malheur ; ils sont censés les avoir dépensés au fur et à mesure, comme on fait des revenus. Dans la discussion de la loi, cette question fut soulevée, mais on s'accorda à décider qu'il fallait décharger les actionnaires de l'obligation de rapporter (1). Toutefois les auteurs ne sont pas tous d'accord sur ce point ; les uns exigent le rapport, d'autres établissent des distinctions. Nous nous rattacherons à l'opinion de ceux qui pensent que les tribunaux auront à examiner les circonstances du fait, à apprécier la bonne foi des commanditaires. Les dividendes ont-ils été distribués régulièrement, l'état des affaires de la société, d'après la balance faite de l'actif et du passif, permettait-il cette distribution ; les commanditaires ont pu se croire légitimement nantis des sommes qu'on leur remettait ; ils ne doivent pas les rapporter. Il en serait autrement dans le cas contraire. D'ailleurs, la loi de 1856 confirme ce système ; en punissant la distribution de dividendes non justifiés par les inventaires, elle consacre la validité des distributions régulièrement effectuées (2).

Cette solution nous servira à résoudre une autre question que l'on soulève à propos d'un usage assez généralement répandu. Les gérants promettent de distribuer périodiquement aux actionnaires certaines sommes à titre d'intérêt de leur argent, par exemple, 3, 4, 5 0/0, sauf à y ajouter tout ce que l'affaire produira de bénéfices en excédant. En droit, le commanditaire est un associé ; ses capitaux figurant dans la société comme apport et non comme argent prêté ne devraient pas produire d'intérêts proprement dits ; l'associé n'a droit à une part des bénéfices qu'à titre de dividende. Si donc le gérant était dans

---

(1) Locré, t. XVII, p. 259. — M. Troplong, n° 826. — M. Delangle, n° 345.
(2) M. Delangle, n° 354.

l'impossibilité de payer les sommes promises à l'époque fixée, on ne pourrait l'y contraindre, car il n'est responsable que de sa bonne foi et non pas du succès de l'entreprise (1). Il faudra donc appliquer ici ce que nous avons dit tout à l'heure sur la distribution des dividendes, puisque les répartitions faites sous le nom d'intérêts ne sont autre chose que des dividendes.

§ 2. — Du droit de surveillance.

Il est naturel que les commanditaires, ayant confié leurs capitaux aux chances du commerce, et mis entre les mains des gérants des sommes quelquefois importantes, aient le droit de surveiller la manière dont ces gérants remplissent leurs fonctions, et se tiennent au conrant de l'état des affaires sociales. Nous avons déjà vu que l'exercice d'un pareil contrôle ne constituait pas des actes d'immixtion. Dans les commandites par intérêt, chaque intéressé peut exercer ce droit personnellement et comme il l'entend ; il peut faire ses observations, élever ses réclamations, et même provoquer la dissolution de la société. Dans les commandites par actions, chaque actionnaire a les mêmes droits, mais modifiés, ou plutôt formulés d'une manière pratique dans deux institutions sanctionnées par la loi et par l'usage : le conseil de surveillance et l'assemblée générale des actionnaires. Nous nous en occuperons dans les deux chapitres suivants.

---

(1) Trib. de comm. de la Seine, 27 oct. 1858. — M. Delangle, n° 365.

CHAPITRE III.

DU CONSEIL DE SURVEILLANCE.

Depuis longtemps on avait compris qu'il était nécessaire de soumettre les gérants à un certain contrôle, pour balancer la grande étendue de leurs pouvoirs d'administration, et sauvegarder les intérêts des actionnaires que ne protégeait pas assez la responsabilité du gérant. Comme il était impossible aux actionnaires d'exercer eux-mêmes ce droit, l'usage s'introduisit de confier cette mission à des délégués réunis en assemblée, qui prit le nom de conseil de surveillance. Mais la plupart du temps les fondateurs prenaient les devants. Pour inspirer la confiance, ils mettaient en tête de leur prospectus des noms connus et recommandables; malheureusement, ce n'étaient que des noms; les personnes étaient étrangères à l'entreprise ou négligeaient de s'en occuper, ou bien encore la crainte de faire un acte d'immixtion et d'encourir une grave responsabilité les tenait à l'écart, et les intérêts des tiers aussi bien que ceux des associés n'étaient pas protégés. Il fallait qu'une loi, s'emparant des avantages de cette institution, vînt la définir et la régulariser. C'est ce qu'a fait la loi du 17 juillet 1856. Nous examinerons successivement : 1° la composition de ce conseil; 2° ses attributions; 3° la responsabilité que ses membres encourent.

Section Ire. — *Composition du conseil de surveillance.*

La loi commence par rendre obligatoire la nomination d'un conseil de surveillance. Ainsi, toute société en commandite, grande ou petite, en doit être munie. Cette nomination est faite immédiatement après la constitution définitive de la société, et avant toute opération sociale, à peine de nullité de la société (art. 5 et 6). Le gérant qui aurait commencé quelques opérations avant l'entrée en fonctions de ce conseil est passible des peines portées en l'art. 11. La loi montre par là quelle importance elle attache à son existence.

Les membres du conseil doivent être tous actionnaires (art. 5 de la loi). Cette condition a pour but d'écarter des personnes complétement étrangères à la société, et d'intéresser personnellement au succès de l'entreprise ceux qui sont appelés à la surveiller. On a rejeté un amendement qui fixait un certain nombre d'actions nécessaire pour pouvoir être élu membre du conseil de surveillance; il valait mieux en effet laisser pleine latitude à chaque société; mais on peut toujours statuer que les membres seront tenus d'avoir tel nombre d'actions, avec dépôt pendant la durée de la fonction. Si même une personne étrangère à la société acceptait cette qualité, on devrait la regarder comme souscrivant au moins un nombre d'actions égal à celui que les statuts imposent à chaque membre du conseil (1).

---

(1) Paris, 16 avril 1861.

La nomination du conseil de surveillance n'appartient plus au gérant, comme avant la loi. Quelles garanties pourrait offrir le contrôle de personnes choisies par lui? Cette nomination appartient naturellement à l'assemblée générale des actionnaires. Mais de quelle assemblée s'agit-il? Est-ce de la deuxième réunion qui constitue définitivement la société en approuvant l'appréciation des apports, ou bien faut-il convoquer une troisième assemblée? Ce dernier parti aurait l'inconvénient de multiplier des déplacements coûteux et désagréables; et d'ailleurs, la loi veut que la nomination du conseil suive immédiatement la constitution de la société. Pourtant rien n'empêcherait qu'une troisième réunion fût provoquée à cet effet. La loi ne dit pas à quelle majorité doit être faite l'élection; il faut en conclure qu'elle admet le mode ordinaire de voter, c'est-à-dire la majorité simple, car la société est à ce moment définitivement constituée; et il ne faudrait pas appliquer ici les conditions de majorité de l'art. 4, qui sont spéciales à des mesures préliminaires.

. Le nombre fixé pour la composition du conseil de surveillance est de cinq membres (1). Au-dessous de ce chiffre, la société tout entière est frappée de nullité; il faut donc, dès qu'un des membres vient à manquer, se hâter de le remplacer, car la loi exige la présence de ces cinq membres pendant toute la durée de la société. Aussi, est-ce une mesure de prudence de la part des ac-

---

(1) Remarquons que s'il y avait moins de cinq actionnaires, il faudrait bien réduire le nombre des membres du conseil de surveillance. Tous les actionnaires, dans ce cas, en feraient partie de plein droit (Aix, 18 nov. 1857).

tionnaires, de nommer de suite quelques membres de plus, pour ne laisser aucune lacune dans la composition du conseil. Nous n'allons sans doute pas jusqu'à dire que les opérations sociales doivent être suspendues pendant la vacance d'une des cinq places, mais il vaut toujours mieux, dans l'intérêt de tous, que la surveillance soit continue.

La délégation des membres du conseil de surveillance ne dure que cinq années, au bout desquelles il faut renouveler leurs pouvoirs ou les remplacer. C'est une disposition fort utile pour combattre l'influence que les gérants pourraient acquérir sur eux, ou permettre d'éconduire des gens incapables ou infidèles. La commission du Corps législatif a même proposé et fait adopter un amendement par suite duquel la première élection n'a d'effet que pour une année, pendant laquelle les actionnaires peuvent juger de la capacité et de la probité de leurs délégués. Quant au terme de cinq années, c'est un maximum ; on peut toujours l'abréger et destituer les surveillants qui ne remplissent pas bien leur mandat.

SECTION II. — *Attributions du conseil de surveillance.*

Son nom même indique sa mission. La loi du reste ne veut faire aucune innovation ; elle veut seulement préciser et définir ce qui existait déjà. Mais autrefois la crainte continuelle de s'immiscer dans la gestion, souvent exagérée avec intention par les gérants, entravait les bons résultats de cette institution ; la loi a voulu, en traçant à l'avance le cercle des opérations du conseil, lui donner de la hardiesse et de l'initiative. Mais notons bien que les art. 27 et 28 du Code de commerce subsistent ; la responsabilité attachée à l'immixtion est toujours menaçante, et c'est ce qui rend souvent la mission du conseil de surveillance assez délicate.

Parcourons successivement chacune des attributions du conseil, telles que la loi les définit.

Avant tout, le conseil de surveillance doit examiner si la société n'est exposée à aucune nullité, et si toutes les formalités exigées par la loi ont été remplies (art. **7** de la loi). C'est là une vérification préliminaire et purement matérielle, qui n'exige qu'un peu de soin et d'attention.

Passons aux attributions relatives aux opérations mêmes de la société.

1° Le conseil de surveillance doit vérifier les livres, la caisse, le portefeuille et les valeurs de la société (art. 8, § 1). Il s'agit ici de tout ce qui constitue le matériel d'un fonds de commerce ou d'industrie : livres obligatoires, livres facultatifs, actions sorties et utilisées, magasins de marchandises, cartons d'affaires, etc.

Cette vérification consciencieuse, mais non pas tracassière, peut être faite par chacun individuellement. En effet, la loi dit : *les membres du conseil de surveillance* et non pas *le conseil de surveillance ;* on peut donc en conclure que les obligations de chacun doivent être considérées isolément, ce qui sera fort important quand il s'agira de définir leur responsabilité.

2° Il doit présenter chaque année, aux époques fixées par les statuts, un rapport sur les inventaires et sur les propositions de dividendes faites par le gérant (art. 8, § 2). Les statuts pourraient même déterminer des termes périodiques plus rapprochés. La loi a voulu prévenir les fraudes qui se commettaient à ce double égard, et sur lesquelles nous ne reviendrons pas. Le conseil n'est pas appelé à faire le règlement de l'inventaire, mais il doit en prendre connaissance ; voir si l'excédant de l'actif sur le passif justifié la distribution de dividendes proposée, et soumettre son avis, soit comme approbation, soit comme blâme, à l'assemblée des actionnaires ; nous verrons que cette mission est sévèrement sanctionnée.

3° Le conseil de surveillance peut convoquer l'assemblée générale des actionnaires (art. 9). Ce droit est nécessaire et découle du droit même de présenter un rapport ; mais il fallait le dire, à cause de l'hésitation provenant toujours de la crainte de s'immiscer.

4° Il peut aussi provoquer la dissolution de la société (art. 9). Cela ne veut pas dire que les membres du conseil de surveillance aient le droit d'introduire, de leur chef et en leur qualité, une action en justice pour faire dissoudre la société ; ils n'ont qu'une simple délégation pour veiller aux intérêts des commanditaires, et non un mandat pour prendre l'initiative. Lors donc qu'ils croient voir quelque motif grave de dissolution, ils commencent par en donner avis à leurs collègues ; les actionnaires sont convoqués en assemblée extraordinaire, et la question leur est posée ; c'est à eux d'adopter ou de repousser la dissolution.

SECTION III. — *Responsabilité des membres du conseil de surveillance.*

L'importance de la mission confiée au conseil de surveillance, les abus d'une pareille institution, quand elle est mal appliquée, ont porté le législateur à imposer à ses membres une grave responsabilité. Elle existe d'abord à l'égard des actionnaires, en vertu du mandat de surveillance qu'ils tiennent de ceux-ci ; mais elle existe aussi à l'égard des créanciers de la société ; et ici la loi est sortie des principes ordinaires en matière de responsabilité. En effet, les membres du conseil de surveillance n'ont aucune délégation de la part de ces derniers. Tout ce qu'on peut dire, c'est qu'ils jouent le rôle de cautions des gérants sous ce rapport.

A quoi s'applique cette responsabilité? En premier lieu, les membres du conseil de surveillance sont responsables solidairement et par corps avec les gérants de toutes les conséquences de la nullité prononcée contre la société pour inobservation des conditions constitutives, telles que publicité, règles sur l'émission et la négociation des actions (art. 7, § 1). On a prétendu que c'était là une règle sévère et capable d'éloigner les hommes sages des conseils de surveillance. Cette critique n'est pas fondée : rien n'est plus simple, en effet, que de vérifier l'accomplissement de formalités purement matérielles. Et qu'on ne dise pas que la loi rend les surveillants responsables d'un fait qui n'est pas le leur ; ce fait leur devient personnel du moment qu'ils pouvaient l'empêcher ; ce serait le fait d'une impardonnable incurie de la part d'hommes sérieux, que d'entrer dans une société avec le titre de surveillant sans même savoir si elle est validement constituée. D'ailleurs, la responsabilité solidaire n'est pas encourue de plein droit ; les juges ont tout pouvoir d'appréciation : ils examineront si les surveillants pouvaient ou non prévoir le cas de nullité. Ce sont autant de questions de fait que la loi ne pouvait embrasser dans ses prévisions, et dans lesquelles les circonstances jouent un rôle décisif. On le voit déjà dans plusieurs espèces qui se sont présentées devant les cours et les tribunaux, où, dans des cas de responsabilité à peu près semblables, les décisions ont dû être toutes différentes, parce que le principe ne peut être appliqué à tous les cas de la même manière (1).

Est-il nécessaire que la nullité ait été prononcée en justice, pour que l'action en responsabilité puisse être intentée contre le conseil de surveillance? Ainsi, en cas de faillite, la société étant dissoute, on ne peut plus évidemment en demander la nullité, puisqu'elle n'existe plus; dans ce cas, il nous semble juste que les membres du conseil n'en soient pas moins déclarés responsables, s'il est prouvé que l'une des causes de nullité existait, car ils ne peuvent être protégés contre la peine de leur négligence par un fait qui en est peut-être la suite (2). Pourtant, la jurisprudence récente de la Cour de cassation décide que les membres du conseil de surveillance pourraient valablement exciper de ce que la nullité n'a pas été judiciairement prononcée (3).

Il faut faire ici une observation importante, fondamentale: c'est que chacun n'est responsable que dans la mesure de son propre fait; lors donc qu'un des membres du conseil de surveillance veut mettre sa responsabilité à l'abri,

---

(1) Un arrêt de la Cour d'Aix, du 16 mai 1860, déclare les membres d'un conseil de surveillance responsables, pour s'en être rapportés à une fausse déclaration du gérant sur la souscription de tout le capital et le versement du quart de chaque action. — Dans une espèce à peu près semblable, la Cour d'Agen décide tout le contraire (6 déc. 1860).

(2) Lyon, 29 mars 1860.

(3) Bordeaux, 29 mai 1861. — Cassation, 9 juin 1861.

il suffit qu'il prenne acte des observations qu'il a cru devoir présenter, et si on n'en tient pas compte, qu'il fasse ses réserves.

Quelle est maintenant la portée de cette responsabilité quand elle est encourue? Vis-à-vis des tiers, les membres du conseil seront tenus, solidairement avec les gérants, de toutes les obligations contractées par ces derniers; mais vis-à-vis des actionnaires, seront-ils tenus de réparer le tort résultant de l'annulation de la société? Sur cette question la loi est muette; il faut donc la résoudre d'après les principes généraux. Or, les membres du conseil sont investis d'un mandat de la part des actionnaires. On appliqua donc ici les règles concernant la responsabilité des mandataires à l'égard de leurs mandants (1992, C. Nap.); mais nous donnerions aux membres du conseil de surveillance un recours contre les gérants; car, à l'égard de ces derniers, ils jouent le rôle de cautions et non pas de coobligés (1).

Quant à la durée de cette responsabilité, la loi n'en parle pas; mais il est naturel de penser qu'elle ne doit pas s'étendre au temps où les membres du conseil de surveillance ont cessé d'en faire partie.

Les deux autres cas de responsabilité portent sur l'inexactitude dans les inventaires et la distribution de dividendes fictifs. Nous avons vu la fraude qui se pratiquait à cet égard; aussi ne faut-il pas s'étonner de la sévérité de la loi contre les membres du conseil de surveillance, quand ils s'en sont rendus complices; mais il est bien important de comprendre de quelle manière peut

---

(1) M. Rivière, n° 81.

être encourue cette responsabilité, et quels faits peuvent constituer les surveillants en état de complicité. La loi emploie deux expressions qui doivent servir de base pour comprendre son esprit : « Lorsque, *sciemment*, il a (le « conseil de surveillance) laissé commettre dans les in- « ventaires des inexactitudes graves, *préjudiciables* à la « société et aux tiers. — Lorsqu'il a, *en connaissance de* « *cause*, consenti à la distribution de dividendes non jus- « tifiés par des inventaires sincères et réguliers. » Ainsi, dans ces deux cas, la responsabilité résulte de la pleine connaissance des faits qui ont causé un préjudice à la société ou aux tiers ; mais la faute grave suffit; il n'est pas nécessaire qu'il y ait fraude ou intention de nuire, dol, en un mot, comme le proposait le projet de loi (1). Quant à la preuve même de la pleine connaissance de cause de la part des membres du conseil, c'est une question de fait : elle peut résulter du témoignage et de simples pré-somptions ; de là quelques divergences d'appréciation dans la jurisprudence (2).

Nous avons à nous demander ici, comme précédemment, quelle est la portée de la responsabilité encourue : les membres responsables le seront-ils de tout le passif de la société, ou seront-ils simplement tenus de rembourser aux tiers le déficit produit dans le fonds social par la distribution de dividendes fictifs? Deux arrêts de Cours impériales donnent deux solutions toutes diffé-rentes. Pour nous, sans vouloir trancher la question, nous pensons qu'il faut mesurer la responsabilité à la

---

(1) Orléans, 20 déc. 1860.
(2) Poitiers, 20 août 1859, et Grenoble, 2 août 1860.

faute commise, et faire retomber sur les membres coupables les conséquences directes de leur fait, et non pas toutes celles qui peuvent résulter de l'acte illicite du gérant. Nous entendons donc ici la responsabilité solidaire dans le même sens que nous l'avons entendue à l'égard des commanditaires coupables d'immixtion.

L'art. 7 de la loi de 1856 se termine par la disposition suivante : « La même responsabilité solidaire peut être prononcée contre ceux des fondateurs de la société qui ont fait un apport en nature, ou au profit desquels ont été stipulés des avantages particuliers. » Il s'agit, on le voit, de fondateurs non gérants, qui ont obtenu quelques actions en échange des avantages par eux fournis à la société. Leur qualité de fondateurs, jointe à la circonstance qu'ils n'ont pas fourni d'argent, les met dans un état de suspicion qui explique la sévérité de la loi à leur égard.

APPENDICE.

SOCIÉTÉS ANTÉRIEURES A LA LOI DE 1856.

La loi du 17 juillet 1856 contient une disposition transitoire dans son art. 15, à propos des conseils de surveillance. Elle impose aux sociétés en commandite actuellement existantes de se pourvoir, dans les six mois de sa promulgation, d'un conseil de surveillance soumis aux conditions de l'art. 5, si elles n'en avaient pas. Que si elles en étaient déjà pourvues, la loi, contrairement au projet, le laisse subsister tel qu'il était organisé, pourvu que ses attributions ne fussent pas en opposition avec sa qualité même (1). La loi a voulu par là éviter d'être entachée de rétroactivité ; en effet, en imposant un conseil de surveillance, elle ne détruit aucun droit acquis, elle ne fait qu'appliquer une disposition d'ordre public. On devra donc, sauf la restriction que nous avons faite, laisser aux conseils de surveillance existants en 1856 toutes les attributions qui leur sont conférées par les statuts, et les maintenir avec leur organisation primitive. Du reste, la même nullité, les mêmes responsabilités sanctionnent le devoir d'élire des conseils de surveillance et les diverses obligations qui leur sont imposées.

CHAPITRE IV.

DES ASSEMBLÉES GÉNÉRALES.

La loi du 17 juillet 1856 ne s'occupe pas d'une manière détaillée des assemblées générales ; elle en parle seulement à deux reprises différentes, d'abord dans l'art. 4, à propos de la vérification et de l'approbation de la valeur des apports qui ne consistent pas en numéraire, et dans les art. 8 et 9, à propos du rapport annuel du conseil de surveillance et des propositions relatives à la dissolution. On peut conclure de ces diverses dispositions qu'il y a deux espèces différentes d'assemblées. Les premières sont convoquées au commencement, et ont pour objet

---

(1) La clause par laquelle le conseil de surveillance participerait à la gestion ne pourrait être maintenue, car, dans ce cas, on ne pourrait dire que la société fût pourvue d'un *conseil de surveillance* (Cass., ch. civ., 31 déc. 1860).

l'organisation même de la société. Nous n'avons pas à revenir sur ce que nous avons dit touchant leur mission et la manière dont se calcule la majorité pour le vote. Les secondes se réunissent pendant le cours de la société ; c'est là que les actionnaires peuvent exercer directement leur droit de surveillance et de conseil. Il faut se borner simplement à appliquer les principes généraux qui règlent ce double droit, le reste étant surtout indiqué par l'usage.

Ce sont les statuts qui déterminent la manière de compter la majorité. Si, par hasard, ils ne s'expliquent pas à ce sujet, ils sont censés renvoyer aux pratiques habituelles des assemblées délibérantes ; mais il n'y aurait pas lieu d'appliquer les règles tracées par l'art. 4 de la loi de 1856, car cet article organise un système de délibérations tout spécial au cas qu'il prévoit.

Passons aux pouvoirs de l'assemblée générale. Le point capital en cette matière, c'est que l'assemblée doit s'abstenir de tout ce qui constituerait des actes d'immixtion, et se renfermer toujours dans le rôle de simple surveillance imposé aux commanditaires. C'est à ce titre que l'assemblée est appelée à recevoir tous les ans, ou à des termes périodiques plus courts, la communication du rapport du conseil de surveillance sur l'inventaire et sur les propositions de distribution de dividendes (art. 8). La loi a dû s'en expliquer formellement, pour dissiper chez les actionnaires la crainte de s'immiscer, que les gérants ne manquaient pas de faire naître pour se soustraire à leur contrôle. D'après le même principe, et toujours dans les mesures d'un simple conseil, l'assemblée pourrait être consultée par les gérants sur divers actes d'administration dont ces derniers ne voudraient pas assumer la responsabilité. Et, qu'on le remarque bien, on ne peut dire que les actionnaires prendraient par là une part active à la gestion ; de leur côté il n'y a nulle initiative, et même nulle coopération proprement dite, car une pareille autorisation n'est pas nécessaire pour la validité de ces actes vis-à-vis des tiers. C'est une simple garantie pour la gérance, qui, munie de l'approbation des actionnaires, ne pourra pas être inquiétée par eux pour avoir outre-passé les limites de son mandat.

Quelques difficultés s'élèvent plus spécialement sur les pouvoirs de l'assemblée relativement à la destitution des gérants et à la dissolution de la société. Quant au droit de révoquer le gérant, nous avons admis qu'il appartenait à l'assemblée des actionnaires dans deux cas : 1° si le gérant nommé dans l'acte même de société était infidèle ou incapable ; 2° s'il avait été déclaré révocable dans les statuts, ou bien s'il n'avait été nommé que depuis la constitution de la société. Toutefois, nous proposons d'établir une différence entre les deux espèces. Dans la première, le gérant peut prétendre que son mandat fait partie intégrante de la société, et contester la légitimité des causes sur lesquelles on motive sa révocation : alors le tribunal de commerce pourrait seul juger le différend et prononcer sa destitution ; dans les autres cas, il nous semble que l'assemblée est investie pleinement du droit de révocation, car ici le mandat du gérant n'a plus le même caractère. On ne peut dire qu'une pareille décision serait un acte d'immixtion, car elle rentre dans le droit de contrôle dont jouissent les commanditaires à l'encontre du gérant, droit qui ne peut avoir d'efficacité que s'il est soutenu par une certaine influence directe. Il serait d'ailleurs impossible pour les tiers de s'y tromper, car il y a une grande différence entre le fait, pour un commanditaire, de prendre en mains propres l'administration, et le fait de la retirer à son mandataire pour la remettre à un autre.

L'art. 9 de la loi confie au conseil de surveillance le pouvoir de convoquer l'assemblée générale et de provoquer la dissolution de la société. L'assemblée aura donc à donner son avis à cet égard; mais ce n'est pas elle qui pourra prononcer la dissolution, si les statuts ne lui donnent pas ce droit; elle aura simplement à décider s'il y a lieu ou non d'intenter en justice l'action en dissolution.

Mais quel sera, dans tous ces cas, la conséquence du vote de la majorité? Tous les actionnaires seront-ils liés par le vote de l'assemblée, ou bien celui qui a vu son opinion repoussée serait-il fondé à s'adresser à la justice, qui pourrait annuler sa réclamation et y faire droit? Pour répondre à cette question, nous chercherons le principe du vote à la majorité. Il repose sur l'idée d'une délégation donnée par tous les actionnaires à l'assemblée générale, au moment du contrat, de représenter l'ensemble des actionnaires pour l'exercice de leurs droits; or, cette délégation existe bien pour toutes les mesures d'administration, telles que l'approbation des propositions faites par la gérance ou par le conseil de surveillance; mais elle ne s'étend pas à la faculté de renoncer : chacun conserve intact un droit inhérent à sa qualité d'associé, celui de demander la dissolution et le partage pour de justes motifs (art. 1871, C. Nap.) Sans doute on objecte que c'est soumettre l'existence d'une grande société au caprice du plus faible actionnaire; mais ce n'est pas une raison pour lui refuser un droit qu'il a incontestablement. Et, qu'on le remarque bien, les effets désastreux d'un pareil droit ne se produiront pas en fait, car, si l'actionnaire a raison, il obtiendra toujours une satisfaction suffisante, et ne sera pas forcé de rester contre son gré dans la société, puisque son titre est cessible; si sa réclamation est l'effet d'une injuste obstination, sa demande sera repoussée, et il en sera pour ses frais.

QUATRIÈME PARTIE.

De la dissolution de la société en commandite et de ses suites.

La société en sa qualité d'être juridique, subit toutes les phases de l'existence d'une personne. Nous l'avons vue naître, nous l'avons vue vivre et agir, nous sommes arrivés à sa fin. Cherchons donc quelles sont les causes de dissolution de la société; nous examinerons ensuite la liquidation et le partage, qui en sont les conséquences.

CHAPITRE Ier.

DES CAUSES DE DISSOLUTION DE LA SOCIÉTÉ EN COMMANDITE.

Les causes d'extinction applicables à toutes les sociétés amènent aussi la dissolution de la société en commandite.

Nous allons rapidement les passer en revue.

1° *L'expiration du terme fixé* (art. 1865, C. Nap.). — C'est le mode d'extinction le plus naturel. Mais la société peut être prorogée par la volonté des parties, si, par exemple, l'entreprise n'était pas terminée. Pour cette prorogation, l'unanimité des associés sera nécessaire, car personne ne peut être forcé de demeurer dans une société plus longtemps qu'il ne s'y était obligé. Quant aux conditions de forme, l'art. 46 (C. Comm.) exige les mêmes formalités que pour la constitution même; ainsi, confection d'un acte, publication, toutes ces choses sont essentielles, sous les peines portées par l'art. 42. Qu'arriverait-il si la société avait été prorogée, mais sans que l'acte de prorogation fût publié? Les tiers pourraient-ils prétendre que, la première société étant éteinte à leur égard, les associés sont tous solidaires dans la seconde? Non, car les tiers peuvent bien ne pas reconnaître l'existence d'une seconde société, mais ils ne peuvent prétendre que le défaut de publication en ait changé le caractère, et en ait fait une société pure et simple (1).

---

(1) Paris, 17 avril 1839.

Du reste, la consommation de l'entreprise, même avant l'arrivée du terme fixé, serait une cause de dissolution de la société.

2° *L'extinction de la chose.*—Cette cause de dissolution se réfère à deux cas différents : d'abord, à l'extinction totale ou partielle du fonds social ou de l'objet même de la société, par exemple, l'incendie de la manufacture ; il faut bien alors que la société se dissolve, car elle est réduite forcément à l'inaction.

Mais l'art. 1867 ajoute que la perte de la chose qu'un des associés avait promis de mettre en commun, survenue avant que l'apport soit effectué, opère la dissolution de la société par rapport à tous les associés. On ne comprend pas facilement ce que veut dire la loi ; car, si cette mise périt pour le compte de la société, ou cette perte sera tellement importante qu'on pourra dire que le fonds social a péri, du moins en partie, et ce sera notre premier cas; ou elle n'empêchera pas la société de fonctionner, et alors, pourquoi cette perte serait-elle une cause de dissolution ? Il faut donc supposer que l'objet de la mise périt, non pas pour la société, mais bien pour l'associé, ce qui l'empêche de réaliser un apport et prive par suite la société d'un de ses éléments essentiels : Mais comment s'expliquer d'après les principes généraux de notre droit, où la propriété se transmet par le seul effet du contrat, sans tradition, que l'associé puisse supporter la perte d'une chose dont il n'est plus propriétaire, puisque, par le seul fait de la promesse d'apport qu'il a faite en s'associant, il a dû transférer à la société la propriété de sa mise (art. 711, 1138, 1583, Cod. Nap.) ? D'ailleurs, quand même encore on voudrait supposer des cas où la société serait devenue créancière et non propriétaire, est-ce que les risques ne seraient pas pour le créancier? Est-ce que le débiteur d'un corps certain n'est pas libéré par la perte de ce corps certain (art. 1302)? Ce serait sortir du cadre de notre travail que de vouloir rapporter toutes les opinions qui ont été émises pour résoudre cette difficulté. Peut-être faut-il dire que les rédacteurs du Code ont oublié qu'ils avaient changé les règles sur la transmission de la propriété (1); peut-être faut-il soutenir que la solution des difficultés que présente l'explication de l'art. 1867 se trouverait dans une combinaison de cet article avec l'art. 1182; il y aurait alors plutôt une impossibilité pour la société de prendre naissance qu'une dissolution de la société déjà formée. Il arrive fréquemment en pratique que l'on s'oblige à former une société, que l'on prend toutes les dispositions nécessaires à sa formation, que chacun des futurs associés contracte tous les engagements qu'un débat commun leur fait juger utiles à la marche de la société, et qu'enfin on décide que cette société ne prendra naissance qu'à une époque déterminée. Dans ce cas, l'existence de la société est en elle-même, et par la force des choses, un événement futur et incertain; donc, si l'apport quel qu'il soit vient à périr avant cette époque, l'un des associés manque à ses engagements, et par conséquent la société ne peut se former.

3° *La mort, la faillite ou l'interdiction de l'un des associés.* — Sans contredit, l'un de ces faits survenus dans la personne de l'un des associés en nom entraîne la dissolution de la société, car la considération de la per-

---

(1) Zachariæ, t. IV, § 720, n° 7.

sonne a eu une influence essentielle lors de la formation du contrat. Quant aux simples actionnaires, comme leur argent seul est un des éléments de la société, qu'ils pourraient en sortir en cédant leur action, leur mort ou leur faillite ne pourrait amener la dissolution de la société, car ces événements ne sauraient faire courir aucun risque aux autres associés. Mais il en est autrement des commanditaires par intérêt; nous avons vu, en effet, que si le commanditaire n'est lié à la société que jusqu'à concurrence de sa mise, au moins dans cette limite, il est lié personnellement; la substitution d'un autre à sa place étant impossible par cession l'est aussi par tout autre mode juridique, et la société ne peut subsister à défaut de l'un des associés.

Dans tous ces cas d'extinction produite *ex personâ sociorum*, il est toujours permis de prévenir la dissolution en convenant, lors de la formation du contrat, que la société continuera, soit avec les héritiers du défunt (théorie contraire aux principes du droit romain), soit entre les associés subsistants. L'art. 1868 le déclare expressément pour la mort de l'associé, et rien n'empêche de dire aussi qu'en cas de faillite ou d'interdiction de l'un d'eux, la société continuera aussi entre les autres associés.

4° *La renonciation de tous ou d'un seul des associés.* — Lorsque la durée de la société est illimitée, c'est-à-dire qu'il n'y a pas de terme explicitement ou implicitement indiqué pour son extinction, la volonté d'un seul des associés peut en amener la dissolution, parce que personne ne doit être contraint de rester associé malgré lui; mais il faut encore une double condition, c'est que l'associé ne se retire pas dans des circonstances fâcheuses pour la société et qu'il soit de bonne foi (articles 1869 et 1870, Cod. Nap.). On décide même que la clause par laquelle les associés renonceraient au droit de se retirer de la société ne serait pas valable, excepté s'ils avaient la liberté d'en sortir autrement, par exemple, si on était convenu que la part d'intérêt de chacun pourrait être cédée (1). D'après ces principes, le fait, par un des associés en nom, de donner sa démission, entraîne la dissolution de la société; il en est de même des simples commanditaires dans la commandite par intérêt, mais non des actionnaires dans la commandite par actions. Ceux-ci, en effet, ont toujours la faculté de se retirer en vendant leur action; que s'ils se croient intéressés à la dissolution de la société, ils devraient s'adresser à la justice, comme nous allons le voir dans le numéro suivant.

5° *Action en dissolution portée devant la justice* (art. 1871). — Cette action peut avoir lieu dans deux cas : lorsque les parties n'ont pas exécuté leurs engagements, et lorsque des événements graves peuvent fournir un motif de dissolution. Nous avons admis que tout associé, même les simples actionnaires avaient le droit de l'intenter (2).

Telles sont les différentes causes de dissolution de toute société, applicables par conséquent à la commandite. L'art. 46 ajoute une formalité obligatoire. D'après cet article, il faudra faire connaître au public la disso-

----

(1) Rej., 1er juin 1859.
(2) Voy. p. 102.

lution de la société, tout aussi bien que son existence et
toute modification ou prorogation sera soumise à la publicité exigée pour sa fondation. Cela se comprend pour
ce qui peut être regardé comme des innovations; mais si
l'acte constitutif déjà publié prévoyait les causes de dissolution ou les modifications survenues, il serait inutile
de les publier une seconde fois; ce que veut la loi, c'est
que les tiers soient avertis que la personne morale a
cessé d'exister, et qu'ils ont désormais à débattre leurs
intérêts avec les associés personnellement.

CHAPITRE II.

DE LA LIQUIDATION.

Une fois la société dissoute, on doit procéder au partage du fonds social; mais auparavant il faut terminer
les affaires en train, payer les dettes, faire rentrer les
créances, former, en un mot, la masse à partager : tel
est le but de la liquidation.

Quand les affaires sont simples et les associés peu
nombreux, elle peut se faire entre associés; mais, la
plupart du temps, elle est confiée à un ou plusieurs liquidateurs. Voyons d'abord comment on procédera à
leur nomination.

Il peuvent avoir été nommés, soit dans l'acte de société, ce qui est de beaucoup préférable, parce qu'alors
ils peuvent entrer en fonctions aussitôt après la dissolution; soit au moment même de cette dissolution. Dans
ce dernier cas, on décide généralement dans la pratique
que l'unanimité des associés est nécessaire pour le choix

des liquidateurs, et que, s'il y a quelque divergence d'o-
pinions, de même que s'il y a des absences, des incapa-
cités, il faudra recourir à la justice, parce que c'est un
contrat nouveau qui se forme. On pourrait objecter que
la justice n'a de pouvoir que pour statuer sur des points
litigieux, et qu'il ne s'agit ici que d'un simple dissentiment. Mais, en fait, ce moyen, s'il n'est pas parfaitement
juridique, est le plus sûr, et tranche les difficultés qu'en-
traînerait la liquidation collective à laquelle chacun a un
droit égal (1).

Les liquidateurs sont désignés ; quelles vont être
leurs attributions, quels seront leurs pouvoirs?

Avant tout, ils doivent faire inventaire ; c'est à la fois
leur justification, en cas d'insuffisance de l'actif, et le
point de départ de leurs opérations ; ils doivent aussi
faire des états de situation, pour les communiquer aux
sociétaires, et tenir un registre régulier de leurs travaux. Ces formalités remplies, ils auront à prendre quelques mesures conservatoires, telles qu'inscriptions d'hy-
pothéques, interruption de prescription, etc., puis ils se
mettront en rapport avec les associés et avec les tiers.

Vis-à-vis des associés, la mission des liquidateurs
consiste principalement à leur restituer les choses qu'ils
ont apportées pour la jouissance seulement, à régler les
comptes courants dont les reliquats peuvent constituer
l'associé créancier ou débiteur de la société. Il est bien
entendu, du reste, que les simples commanditaires
doivent rester en dehors, dès qu'ils ont effectué leur

____

(1) Dalloz, v° *Société*, n° 1004.

mise. Ils ne figurent plus en qualité d'associés que pour le partage des bénéfices.

Vis-à-vis des tiers, les liquidateurs sont les représentants de l'unité matérielle qui a succédé à l'état juridique de la société. Le grand point qui domine toute la matière et caractérise leur mission, c'est qu'ils sont représentants de la société, ou plutôt de la masse indivise, et non de la personne des associés responsables; ils sont uniquement mandataires à l'effet de mener à bonne fin la liquidation. De là découlent plusieurs conséquences qui montrent que leurs pouvoirs sont beaucoup moins étendus que ceux des associés gérants. Ainsi, ils ne peuvent ni transiger, ni compromettre (1). On décide même qu'ils ne pourraient vendre les immeubles sans l'autorisation des associés (2); mais ils ont qualité pour tous les actes concernant la liquidation. Ce sont eux qui intentent les actions de la société et défendent aux actions intentées contre elle. Il est bien important pour les créanciers de distinguer les droits qu'ils peuvent faire valoir contre les associés personnellement, de ceux qui leur appartiennent contre la société; en effet, comme le liquidateur ne représente pas la personne des associés, il faut que les créanciers, pour poursuivre valablement ces derniers, aient eu soin de faire reconnaître préalablement que la créance dont ils sont nantis est une créance sociale (3). Quant aux créanciers personnels de l'associé, ils acquièrent, du jour de la dissolution,

---

(1) Cass., 15 janvier 1842.
(2) M. Bravard, *Traité de dr. commerc.*, t. I, p. 434.
(3) Rej., 24 août 1858.

un droit sur sa part dans le fonds social ; si donc la
créance d'un tiers contre un associé est sur le point d'être
prescrite, le tiers fera bien d'agir à la fois contre l'associé et contre le liquidateur, pour conserver le droit de se
faire payer sur le fonds social et sur les biens de son
débiteur. Que s'il fait des poursuites en expropria-
tion sur un immeuble compris dans le fonds social, la
Cour de cassation décide qu'il doit les diriger, non contre le liquidateur, mais contre l'ancien associé, son débiteur, parce que lui seul est copropriétaire (1). Mais
c'est peut-être aller un peu loin et entraver les opérations des liquidateurs que de leur ôter le droit de dé-
fendre à une action qui n'est qu'une voie d'exécution.

On le voit donc, le liquidateur n'est qu'un mandataire
à l'effet de régler les droits des associés entre eux, et de
payer aux tiers ce qui leur est dû par la société. Les associés ont contre les liquidateurs les actions du mandat
à l'effet de se faire rendre compte de leur gestion ; les
créanciers n'ont action personnellement contre le liquidateur, qu'à raison de l'emploi des sommes qu'ils ont
dû leur remettre comme détenteurs du fonds social, de
là la nécessité de faire inventaire ; on ne peut rien exiger de plus : dans les deux cas, l'obligation se règle suivant le droit commun, et est soumise à la prescription
libératoire de trente ans.

Mais il reste l'action des associés les uns contre les
autres, et des créanciers contre les associés. La première
est aussi prescrite par trente ans ; la seconde est soumise

---

(1) Rej., 12 mai 1852.

à une prescription beaucoup plus courte; l'art. 64 (Code comm.), fixe la durée de cette action à cinq ans.

Précisons la portée de cette prescription. L'action des tiers contre les associés a pour but d'exiger tout ce qui est dû par suite des opérations sociales; c'est une conséquence de la responsabilité solidaire encourue par chaque associé. Il faut donc, évidemment, qu'il soit question d'associés personnellement et solidairement obligés, ce qui comprend les associés en nom et les commanditaires qui se sont immiscés dans la gestion. On conçoit qu'il serait fort rigoureux de faire peser cette responsabilité pendant trente ans sur ces associés, pour des faits qui leur sont peut-être étrangers; la loi a donc voulu la mettre à l'abri, en abrégeant leur responsabilité et ne la laissant durer que pendant cinq ans (1). Nous avons reconnu aux tiers une action directe, même contre de simples commanditaires ou actionnaires qui n'auraient pas effectué intégralement le versement de leur mise. Devra-t-on soumettre cette action à la même prescription de cinq ans? La Cour de cassation admet l'affirmative, en se fondant sur ce que l'art. 64 ne fait aucune distinction entre les associés, et qu'il leur accorde ce bénéfice à tous, commanditaires ou en nom collectif (2). Cette doctrine nous paraît conforme aux principes.

L'art. 64 a soulevé une question fort délicate. Suivant ce texte, la prescription quinquennale n'est opposable que par les associés non liquidateurs. Or, il arrive la plupart du temps que la mission de liquidateur est con-

----

(1) Discussion au Conseil d'État. (Art. 64).
(2) Rej., 24 juill. 1835.

fiée à des associés, comme étant plus capables de la mener à bonne fin. Que décider en ce cas? Faut-il dire que les associés liquidateurs seront tenus, pendant trente ans, de toutes les dettes de la société? La question, suivant nous, se réduit à distinguer dans la personne de ces associés deux qualités fort différentes : celle d'associé et celle de liquidateur. Comme associés, ils pourront invoquer la prescription de cinq ans; comme liquidateurs, leurs obligations seront soumises au droit commun. A ce dernier point de vue, leur mission se borne, nous l'avons dit, à payer aux créanciers ce qui leur est dû sur le fonds social; s'ils justifient que les ressources de la société ne le leur permettent pas, ils sont quittes. Ramenée à ces termes, cette question, qui a fait naître tant de systèmes différents, nous paraît très-simple. Pourquoi, en effet, vouloir que la qualité de liquidateur fasse perdre à un associé le bénéfice de la prescription de cinq ans? Ces deux qualités sont indépendantes entre elles; et si on poursuit le liquidateur comme mandataire à l'effet de payer les dettes de la société, on ne le poursuit évidemment pas comme associé. Le texte de l'article ne s'oppose pas à cette interprétation, et l'expression d'*associés non liquidateurs* n'a pas d'autre but que de distinguer ces deux qualités. C'est comme s'il y avait : « Les associés pourront opposer cette prescription en leur qualité d'associés, et non en leur qualité de liquidateurs. »

D'ailleurs, entendu autrement, l'art. 64 se contredirait lui-même. Si, en effet, l'associé liquidateur est inquiété, par exemple, au bout de dix ans en sa qualité d'associé, comme solidairement responsable de toutes les dettes de la société, et qu'il soit obligé de payer plus que sa part, il aura un recours contre ses coassociés, recours prescriptible par trente ans seulement; et alors, à quoi servirait à ceux-ci le bénéfice que leur promet l'art. 64?

Nous avons essayé de définir et de préciser la prescription de cinq ans, édictée par l'art. 64; il nous reste à connaître son point de départ. Elle court du jour de la dissolution de la société. A ce moment, en effet, l'être juridique cesse d'exister, et les obligations personnelles des associés commencent d'une manière distincte. Durant la société, elles se confondaient avec celles de l'être moral lui-même, et on ne pouvait les en détacher sans le priver de ses éléments essentiels. Aussi faut-il, pour faire courir la prescription, que cette dissolution ait été portée à la connaissance des tiers par la publication, sans quoi ceux-ci pourraient soutenir que la société a toujours continué d'exister à leur égard.

Mais s'il arrivait que l'associé mourût ou se retirât de la société, sans en entraîner la dissolution, lui ou ses héritiers pourraient invoquer le bénéfice de l'art. 64, car la société, à leur égard, est en état de liquidation. Dans ce cas, il eût fallu, par la publication de ces faits, faire courir le délai de la prescription (1).

Remarquons encore une fois, en terminant cette matière de la liquidation, que, dans toutes les questions d'actions contre associés, les commanditaires et actionnaires sont complétement à l'abri, dès qu'ils ont versé leur mise, car leur personne n'est pas engagée, leurs fonds seuls sont le gage des créanciers.

---

(1) Cass., 7 juin 1830.

CHAPITRE III.

DU PARTAGE.

Le partage a pour but de faire cesser l'état d'indivision où se trouvent les associés au moment de la dissolution.

En principe, on suit, en matière de société, les règles générales posées par le Code en matière de succession. Ainsi, nul n'est forcé de rester dans l'indivision (article 815, C. Nap.); le partage est *déclaratif* et non *translatif* de propriété (art. 883), c'est-à-dire que chacun est censé propriétaire du lot qui lui a été attribué, non pas à partir du partage, mais à partir de la dissolution; de même les recours en garantie, pour cause d'éviction ou pour soultes, les actions en rescision pour cause de lésion, sont applicables aux sociétés. Toutefois, il ne faudrait pas formuler cette règle d'une manière trop absolue; si le principe est le même, il se présentera une foule de nuances résultant des relations toutes différentes qui existent entre des associés qui n'ont de rapports que ceux qui naissent du contrat, et des cohéritiers qui sont unis par les liens du sang. Ainsi, le droit que possèdent les héritiers d'écarter du partage un cessionnaire étranger, en lui remboursant le prix de cession, n'appartiendrait pas aux associés.

CINQUIÈME PARTIE.

Procédure et pénalités.

CHAPITRE Ier.

DES CONTESTATIONS QUI PEUVENT S'ÉLEVER ENTRE ASSOCIÉS.

Un ancien usage, établi depuis trois siècles dans notre droit commercial, et consacré par les art. 51 à 63 du Code de commerce, confiait à des arbitres le jugement de toutes les contestations qui pouvaient s'élever entre associés, lorsqu'elles ne portaient pas sur la validité de l'acte social. Toute autre juridiction était incompétente en cette matière. Une loi du 17 juillet 1856, promulguée le même jour que la loi sur les commandites par actions, a, pour des raisons qu'il ne nous appartient pas d'apprécier, supprimé cette juridiction, et l'a remplacée par la juridiction ordinaire des tribunaux de commerce. Mais rien n'empêcherait les parties de se soumettre volontairement au jugement arbitral, pourvu que ce ne fût pas par une clause insérée dans les statuts. En effet, la loi nouvelle place les associés sous l'empire du droit commun, et le Code de Pr., art. 1006, pour empêcher les parties de se lier imprudemment, exige pour la validité du compromis la désignation des objets du litige et du nom des arbitres (1).

---

(1) M. Romiguière. Loi de 1856, n° 191.

Quant aux contestations qui peuvent spécialement s'élever entre les actionnaires d'une société en commandite et les gérants ou les membres du conseil de surveillance, la loi de 1856 sur la commandite a fait, dans son art. 14, une innovation qu'il importe de signaler.

Comme, dans ce cas spécial, les gérants ne pouvaient plus représenter les actionnaires, puisque leurs intérêts étaient en opposition avec ceux de ces derniers, et que, d'un autre côté, l'action directe avec les actionnaires comme demandeurs ou défendeurs occasionnait des frais et des lenteurs, la loi établit un système de représentation des actionnaires par des commissaires nommés à cet effet. Lorsqu'il s'agit d'un procès intéressant l'ensemble, les commissaires sont nommés en assemblée générale ; lorsque quelques actionnaires seulement sont parties au procès, c'est à eux de nommer leurs représentants dans une assemblée spéciale. Si un obstacle quelconque empêchait la nomination des commissaires, il suffirait d'une requête présentée au tribunal de commerce par une seule des parties, pour que ce tribunal les nommât lui-même. Enfin, malgré cette nomination, l'article permet à chaque actionnaire d'intervenir personnellement dans l'instance, mais à ses frais. Il résulte des termes de la loi que si l'intérêt engagé n'était pas collectif et commun, ou si les gérants ou les membres du conseil de surveillance n'étaient pas parties, l'action et les poursuites devraient être intentées pour et contre les parties intéressées ; c'est ce qui aurait lieu dans le cas où des actionnaires plaideraient entre eux, ou bien contre les gérants, à raison d'une obligation particulière, par exemple, comme débiteurs du versement de leur mise.

Quant à l'étendue des pouvoirs des commissaires, il suffit de dire qu'ils sont simples mandataires à l'effet de représenter les intérêts litigieux des actionnaires. Ils ne pourraient donc ni se désister de l'action, ni acquiescer aux jugements, ni transiger, ni compromettre ; il faut même admettre qu'il leur serait nécessaire de faire renouveler leurs pouvoirs pour former appel ou se pourvoir en cassation.

CHAPITRE II.

DU SYSTÈME DE SANCTIONS PÉNALES ORGANISÉ PAR LA LOI DU 17 JUILLET 1856.

Le motif qui nous a porté à renvoyer à la fin de ce travail l'examen des sanctions pénales contenues dans la nouvelle loi, c'est qu'elles y forment un système spécial et nouveau qu'il est plus facile de mettre en lumière, en l'appliquant à l'ensemble de la législation. Nous connaissons les abus, les dangers que la loi a voulu prévenir ; nous avons étudié ses diverses dispositions à cet égard, il nous reste maintenant à examiner les moyens coërcitifs qu'elle a employés pour faire respecter ses prescriptions.

Les peines prononcées par la loi sont de trois espèces différentes : 1° une simple amende ; 2° une amende et un emprisonnement cumulés, ou l'une de de ces peines seulement ; 3° les peines portées par l'art. 405 du Code pénal pour le délit d'escroquerie.

1° *Amende.* — Une amende de 500 fr. à 10,000 fr. est

prononcée contre toute personne coupable d'avoir *négocié des actions ou coupons d'actions dont la valeur ou la forme serait contraire aux dispositions des art. 1 et 2 de la loi, ou pour lesquels le versement des deux cinquièmes n'aurait pas été effectué conformément à l'art. 3.* La même peine est portée *pour toute participation à ces négociations et toute publication de la valeur de ces actions. (art. 12)*.— *Toute personne*, dìsons-nous; en effet, il résulte de l'exposé des motifs que le législateur a voulu atteindre tous ceux qui auraient voulu enfreindre la loi ; ainsi, non-seulement le souscripteur qui a cédé, et l'agent de change qui a opéré la cession, mais le cessionnaire lui-même serait passible de cette amende (1). La loi punit aussi la *publi-cation* de la valeur de ces actions. A ce propos, on se demande à quelles personnes on doit étendre la responsabilité de la publication dont parle la loi. Faut-il la faire peser sur le gérant du journal où a été faite l'annonce ou l'insertion, sur l'imprimeur, sur tous ceux qui donnent à lire les feuilles ou les annonces publiques, tels que les directeurs de cabinets de lecture ? Nous pensons que c'est là une question d'appréciation de bonne ou de mauvaise foi, de négligence ou de soin, abandonnée à la décision des tribunaux.

2° *Amende et emprisonnement.* — Les fondateurs et gérants qui ont émis *des actions ou coupons d'actions d'une société constituée contrairement aux art. 1 et 2 de la loi, ou commencé les opérations sociales avant l'entrée en fonctions du conseil de surveillance, sont punis d'un*

____

(1) Dalloz, v° *Société*, n° 1271.

emprisonnement de 500 *fr. à* 10,000 *fr., ou de l'une de ces peines seulement* (art. 11). La peine est plus grave parce que la culpabilité est plus grande ; la loi a dû se montrer sévère pour effrayer les spéculateurs aventureux.

Sur ces deux dispositions, on se demande si les infractions punies par les art. 11 et 12 constituent des contraventions ou des délits, c'est-à-dire si la loi punit l'intention frauduleuse ou seulement le fait matériel de l'infraction : un arrêt de la Cour de cassation (1) a adopté le système du délit non intentionnel. Cette doctrine nous semble bien rigoureuse, et peu en harmonie avec les expressions suivantes, qu'on lit dans l'exposé des motifs : « Il fallait punir de peines sévères tous ceux qui, dans une intention coupable, violeraient les prescriptions de la loi. » La loi a voulu prévenir la fraude seulement, et il ne faut pas l'interpréter avec rigueur.

Une autre question s'est élevée à propos de l'application de ces dispositions aux sociétés formées à l'étranger, qui émettent des actions en France. Nous pensons que ce sont là des lois de police et de sûreté qui doivent s'appliquer avec une égale rigueur contre les sociétés étrangères et contre les sociétés françaises ; la loi doit offrir autant, sinon plus de protection aux capitalistes contre les fraudes émanant de l'étranger que contre celles que peuvent commettre des Français. D'ailleurs, une loi du 30 mai 1858, spéciale, il est vrai à la Belgique, mais qui a été déclarée applicable aux autres pays, permet d'autoriser les sociétés anonymes *et autres* à venir exer-

---

(1) Ch. crim., 11 août 1859.

cer leurs droits en France, en se conformant aux lois de l'empire. Si cette observation de nos dispositions est exigée pour les sociétés autorisées, à plus forte raison doit-elle l'être pour les sociétés non munies d'une pareille autorisation. Le décret du 22 mars 1858, modifié par celui du 16 août 1859 sur la négociation, à la Bourse, des titres et actions de chemins de fer étrangers, est conçu dans le même esprit (1).

3° *Peines portées par l'art. 405 du Code pénal pour le délit d'escroquerie* (2). — Ces peines sont appliquées par l'art. 13 de notre loi à deux classes différentes de délits : la provocation de souscriptions par des moyens frauduleux, et la répartition de dividendes fictifs.

On peut provoquer frauduleusement des souscriptions et des versements en faveur de la société de plusieurs manières, soit *par la simulation de souscriptions ou versements,* soit *par la publication faite de mauvaise foi de souscriptions ou de versements qui n'existent pas, ou de tous autres faits faux,* soit *par la publication de mauvaise foi des noms de personnes désignées, contrairement à la vérité, comme étant ou devant être attachées à la société à un titre quelconque* (art. 13, 1° et 2°). Tous ces faits sont qualifiés par la loi d'actes d'escroquerie, et comme tels punissables aux termes de l'art. 405 du Code pénal.

Arrivons à la dernière disposition de l'art. 13, la plus

---

(1) Dans ce sens, M. Romiguière, n⁰ˢ 135 et suiv.

(2) Dans ces cas, la loi permet d'appliquer l'art. 463 du C. pénal, ce qui donne aux juges la faculté de réduire la condamnation à des peines de simple police, s'ils admettent des circonstances atténuantes.

importantes et surtout la plus actuelle. D'après cette disposition, *sont punis comme coupables du délit d'es-croquerie les gérants qui, en l'absence d'inventaires, ou au moyen d'inventaires frauduleux, ont opéré entre les actionnaires la répartition de dividendes non réellement acquis à la société.*

Nous avons déjà vu en quoi consistent des inventaires frauduleux, et ce qu'on entend par des dividendes non réellement acquis.

Une distribution de dividendes fictifs, c'est une réparti-tion de sommes prises non pas sur les bénéfices réalisés, c'est-à-dire sur un excédant de l'actif sur le passif as-suré par une balance exacte, mais sur « un excédant d'actif obtenu au moyen de la passation en ligne de compte de bénéfices non réalisés, de dissimulation d'ar-ticles qui devraient figurer au passif, ou d'exagération frauduleuse dans les évaluations de l'actif (1). » Toutefois, peut-être ne faudrait-il pas aller trop loin ; et il est cer-taines choses que l'usage peut justifier. Ainsi, une entre-prise peut ne pas donner au premier abord de brillants résultats ; et, d'un autre côté, les actionnaires ne peuvent pas être privés trop longtemps du revenu de leur argent. On admet donc généralement en pratique que la distri-bution de dividendes pris sur le capital à la connaissance de tous ne constituerait pas un délit : 1° si les statuts le permettaient expressément dans certains cas déterminés : les statuts étant publiés, cette distribution ne saurait tromper personne ; 2° si l'exploitation qui fait l'objet de la société n'était pas encore commencée à l'époque où

---

(1) Paris, 29 août 1861 (affaire Mirès).

des intérêts avaient été promis; car, alors, le public sait
à quoi s'en tenir, puisque nul bénéfice n'a encore pu
être réalisé. L'intention coupable est, du reste, essentielle pour constituer le délit contenu dans le 3° de l'article 13; il faut qu'il y ait fraude : de là il résulte que ce
délit ne serait pas couvert par l'approbation du conseil
de surveillance et la ratification de l'assemblée générale, s'il était prouvé qu'il n'eût pas été statué en connaissance de cause (1). Mais il faut reconnaître qu'il est
impossible d'articuler à ce sujet une doctrine bien précise, et les faits auront toujours une influence capitale
sur l'application du droit.

Si l'on rapproche de notre art. 19 l'art. 10 de la loi,
on voit que les membres du conseil de surveillance y
sont déclarés responsables avec les gérants lorsqu'ils
ont, en connaissance de cause, laissé commettre les deux
délits qui rendent les gérants coupables d'escroquerie;
lors donc que les gérants sont traduits en police correctionnelle par le ministère public, les membres du conseil de surveillance peuvent y être cités par la partie civile, et le tribunal sera compétent sur l'action publique
et l'action civile (art. 3, C. d'inst. crim.). D'un autre
côté, si, outre la connaissance de cause, on peut imputer aux membres du conseil de surveillance une certaine
complicité avec les gérants, ils seront jugés directement
par le tribunal correctionnel (art. 59, C. pén.). Jusque-là,
pas de difficulté; mais on demande si, indépendamment
de l'action civile dérivant de l'art. 10, ou de l'action

---

(1) Cour de Cass., aud. du 19 déc. 1861. Rapport de M. le conseiller
Plougoulm.

publique résultant de la complicité, les membres du conseil de surveillance ne pourraient pas aussi être traduits en police correctionnelle par le ministère public, comme civilement responsables dans le sens de l'article 1384 du C. Nap., c'est-à-dire en vertu de cette responsabilité qui résulte non pas d'un fait personnel, mais du fait des personnes qu'on a sous son autorité, sa surveillance, comme les maîtres et les parents répondent du fait de leurs domestiques ou enfants mineurs. En faveur de la négative, on a dit qu'une pareille responsabilité était de droit étroit, et ne pouvait résulter d'une simple interprétation de la loi. Mais le système de la responsabilité civile a triomphé dans un arrêt de la Cour de cassation, chambres réunies, du 2 avril 1859. On a dit, avec raison suivant nous, que les membres du conseil de surveillance ne sont pas des mandataires ordinaires; il y a là de plus une institution législative : ils sont investis d'une espèce de fonction d'ordre public, en vertu de laquelle leur responsabilité est pour ainsi dire identifiée à celle des gérants. Enfin, dans l'intérêt même de leur honneur, ils doivent accepter avec satisfaction un moyen d'intervenir en police correctionnelle et de se justifier aux yeux de l'opinion publique. L'arrêt de la Cour de Paris du 29 août 1861, qui vient d'être cassé, mais pour d'autres motifs, a pleinement adopté cette doctrine.

Le caractère du gérant dans une société en commandite a donné lieu à une question importante, et qui maintenant est à peu près fixée dans la jurisprudence. Un gérant a détourné frauduleusement et appliqué à son profit les fonds de la société; peut-il, comme mandataire, être déclaré coupable d'abus de confiance est puni suivant l'art. 408 du Code pénal? Dans un premier arrêt (1), la Cour de cassation avait admis la négative, en se fondant sur ce que les dispositions pénales ne peuvent être étendues d'un cas à un autre, et qu'un gérant n'est pas, à proprement parler, un mandataire ; il est en même temps associé, ses pouvoirs font partie de l'acte social, et l'on ne peut dire que ce soit à titre de mandat que les fonds lui aient été remis. C'était là une doctrine funeste aux intérêts des commanditaires, et contraire à la véritable qualité du gérant dans la société ; en effet, comme l'ont décidé quelques arrêts de Cours impériales (2), le gérant réunit deux qualités en sa personne ; s'il est associé, il est bien mandataire dans toute la force du terme, puisqu'il administre pour tous les autres associés, qu'il est tenu de rendre compte et qu'il peut être révoqué de ses fonctions pour cause légitime. Aussi la Cour de cassation est-elle revenue sur sa jurisprudence, et a-t-elle admis que le gérant pouvait être, comme tout mandataire infidèle, déclaré coupable du délit d'abus de confiance (3).

---

(1) 15 janvier 1842.
(2) Rouen, 18 mars 1842. — Paris, 2 avril 1845.
(3) Ch. crim., 10 déc. 1858.

TABLE DES MATIÈRES.

POSITIONS.

DROIT ROMAIN.

I. La société n'est une personne morale que quand une autorisation spéciale de l'État lui donne ce caractère.

II. La loi 67, § 1, *pro socio*, et la loi 1, pr., *De usuris*, ne se contredisent nullement. Elles ont trait chacune à des objets différents.

III. Lorsque les parties n'ont fait aucune convention, les parts sont égales (L. 29, *pro socio*); cette égalité s'entend de parts viriles, et non proportionnelles à la mise.

IV. La controverse entre Mucius et Servius Sulpicius sur la question de savoir si les parts des associés peuvent être différentes dans le gain et dans la perte, était bien réelle, et Paul, dans la loi 30, *pro socio*, ne dit pas qu'ils fussent d'accord sur ce point.

V. Conciliation de la loi 63, *pro socio*, et de la loi 16, *De re judicata*.

VI. Essai de solution pour le frag. 69, du titre *pro socio* sur le concours de l'action *pro socio* et de l'action *venditi*.

DROIT CIVIL FRANÇAIS.

I. La société civile ne forme pas en règle générale une personne morale.

II. Essai de solution pour l'art. 1867 du Code Napoléon.

III. La nullité résultant du dol ne peut pas être invoquée contre le sous-acquéreur.

IV. Le droit du preneur est un droit personnel.

DROIT COMMERCIAL.

I. Les créanciers d'une société en commandite ont une action directe contre les actionnaires, pour les forcer au versement de leur mise.

II. Mais ils ne peuvent agir contre eux par la voie de la contrainte par corps.

III. La clause des statuts, portant qu'en cas de contestation les associés s'en rapporteront au jugement arbitral, est nulle.

IV. Le commanditaire qui s'est immiscé ne perd sa qualité qu'à l'égard des tiers; il la conserve à l'égard de ses associés. Il a même un recours contre les gérants pour ce qu'il a payé au delà de sa mise.

V. La qualité de liquidateur, jointe à celle d'associé, n'empêche pas d'opposer, comme associé, la prescription de cinq ans.

VI. L'exploitation d'une charge d'agent de change ne peut faire l'objet d'une société en commandite.

DROIT DES GENS.

I. Le croiseur de l'un des deux pays belligérants n'a pas le droit de faire prisonniers les agents diplomatiques de l'autre belligérant sur un vaisseau neutre.

II. Les tribunaux français sont compétents pour connaître des contestations entre étrangers.

DROIT PÉNAL.

I. Le délit d'abus de confiance est applicable au gérant d'une société en commandite qui a détourné à son profit les sommes à lui confiées.

Vu par le Président de la Thèse,

VALETTE.

Vu par le Doyen de la Faculté,

C.-A. PELLAT.

Permis d'imprimer :

Le Vice-Recteur de l'Académie,

MOURIER.

LOIS.

www.ingramcontent.com/pod-product-compliance
Ingram Content Group UK Ltd.
Pitfield, Milton Keynes, MK11 3LW, UK
UKHW021903070726
13613UKWH00001B/308